何を以《も》って愛とするか

ジョン・レノンの霊言

大川隆法
RYUHO OKAWA

まえがき

ザ・ビートルズのジョン・レノン生誕《せいたん》八十周年、帰天《きてん》四十周年記念の霊言集《れいげんしゅう》である。

面白い人で、ご自身のスタイルと雰囲気《ふんいき》を持っている。ジョン・レノンに「愛」を語らせるという企画主旨《きかくしゅし》はナイスだと思う。イエス・キリストとも少し違って、現代的なスタイルも持っている。

私の学生時代には、まだ、ザ・ビートルズもジョン・レノンも同時代人として健在だった。東大駒場《こまば》キャンパスの生協には、ワゴンに山積みしたザ・ビートルズのミュージック・テープを売っていた。残念なことに当時は、私にはザ・ビートルズも他のバンドグループもそれほど区別がつかず、どちらかといえば、カラヤン指揮のクラシック音楽のテープを買い集めていた。友人の一人からは、「ジョン・レノンの天才性が分からないなんて、おまえは遅れているな。」と言われたものだ。彼は正しかった。

反省の弁もかねて、本書をつつしんで出版する。

二〇二〇年　十月二十七日

幸福《こうふく》の科学《かがく》グループ創始者兼総裁《そうししゃけんそうさい》　大川隆法《おおかわりゅうほう》

何を以って愛とするか　目次

第1章　何を以《も》って愛とするか
——ジョン・レノンの霊言《れいげん》——

二〇二〇年三月七日　収録
幸福の科学 特別説法堂《せっぽうどう》にて

Q3　「自分は愛されていない」と感じる人へのアドバイス　64

第2章　自己愛に翻弄《ほんろう》されない生き方

―オノ・ヨーコ守護霊《しゅごれい》の霊言―

二〇一九年八月二十日　収録

幸福の科学 特別説法堂にて

3　本当の意味での「ロックな生き方」とは　136

「霊言現象《れいげんげんしょう》」とは、あの世の霊存在の言葉を語り下ろす現象のことをいう。これは高度な悟《さと》りを開いた者に特有のものであり、「霊媒現象《れいばいげんしょう》」（トランス状態になって意識を失い、霊が一方的にしゃべる現象）とは異なる。外国人霊の霊言の場合には、霊言現象を行う者の言語中枢《ちゅうすう》から、必要な言葉を選び出し、日本語で語ることも可能である。

なお、「霊言」は、あくまでも霊人《れいじん》の意見であり、幸福の科学グループとしての見解と矛盾《むじゅん》する内容を含《ふく》む場合がある点、付記しておきたい。

第1章　何を以《も》って愛とするか

――ジョン・レノンの霊言《れいげん》――

二〇二〇年三月七日　収録

幸福の科学　特別説法堂《せっぽうどう》にて

ジョン・レノン（一九四〇〜一九八〇）

イギリスのロックシンガー。リヴァプール生まれ。幾《いく》つかのグループ名を経《へ》て、一九六〇年に「ビートルズ」を結成。作詞・作曲も手がけ、中心的メンバーとして活躍《かつやく》する。六四年、「抱《だ》きしめたい」がアメリカでも大ヒットし、世界的なビートルズ・ブームを巻き起こした。七〇年のビートルズ解散後はアメリカに渡《わた》り、ソロ活動を開始。音楽活動を中心に、妻のオノ・ヨーコと共に平和運動を展開するなど、世界中に多くのメッセージを送り続けたが、八〇年、暴漢によって射殺された。

［質問者五名は、それぞれA・B・C・D・Eと表記］

序　ジョン・レノンを招霊《しょうれい》し、「愛」について訊《き》く

二十九年前、幸福の科学に「永遠の法灯《ほうとう》」がともった日

大川隆法　今日（三月七日）は、幸福の科学が宗教法人として認可された日です。私が霊的《れいてき》に目覚めてから三十九年、実際に宗教としての活動を始めて三十四年、そして、一九九一年の三月七日に東京都から宗教法人格を頂き、その年から本日で二十九年がたちました。

「永遠の法灯《ほうとう》がともった」という話を、二十九年前にした覚えがあります。

その前から、「あと数十年、説法《せっぽう》を続ける」という話はしていましたけれども、実際に現実化しつつあるというように思っています。

ジョン・レノンに「何を以《も》って愛とするか」を訊《き》いてみたい

大川隆法　今日は、本当は午前中に、イエス・キリストの指導も受けながら、普通《ふつう》の講演のようなものをしようかと思っていたのですが、諸般《しょはん》の事情があって精神統一に入れなかったため、午後に行うことになりました。そして、これまた諸般の事情により、内外には「愛」に関する具体的な問題がいろいろと渦巻《うずま》いていますので、あまり気取《きど》った話よりも、ジョン・レノンあたりに「愛」について話してもらって、みなさんの具体的な、現代的な課題などについて、どう思っているかというのがあれば訊《き》いてみてもいいかなと思っています。

すでに『ジョン・レノンの霊言《れいげん》』を出していますが、私も四十年ぶりのショックではありました。同時代人ではあって、私の学生時代には、まだ、ビートルズもジョン・レノンも健在《けんざい》でした。

『ジョン・レノンの霊言』
（幸福の科学出版刊）

そのビートルズのメインボーカルがジョン・レノンでありますが、この人が「イエス・キリストの一部分、分身《ぶんしん》らしい」ということがこのたび分かってきて、今は当会の映画などの楽曲をつくる際にも協力してくれています。

英語の歌もありますけれども、日本語の歌もあります。まだ映画ができていないものもあるのですが、これから先のものも入れれば、すでに十曲ぐらいはジョン・レノンの曲が入っていますので、往年のビートルズファンから見れば、天国からのジョン・レノンの歌はどんなものかが分かるとは思います。

ただ、歌い手は、今、地上にいる人たちなので同じではありませんけれども、曲の感じなどは分かるのではないでしょうか。

そのように、歌のほうを中心にやってもらっていたのですが、ときどき、いろいろな意見を言ってくださるようにもなりました。

そこで今日は、「愛」について、現代的に考えをまとめるに当たって悩《なや》む部分もありますので、それについてお話しいただいて、みなさんから素朴《そぼく》な疑問等があれば、訊いてみることにしましょう。イエス様よりは、こちらのほうが〝フォーマルではないかたち〟といいますか、やや〝ロックな感じ〟でお答えになるのではないかと思っています。

それでは（手を一回叩《たた》く）、お呼びします。

元ビートルズのメインボーカル、ジョン・レノンの霊よ。

どうぞ幸福の科学に降りたまいて、「何を以《も》って愛とするか」というような話、あるいは、みなの疑問等にお答えくだされば幸いです。お願いします。

（約十秒間の沈黙《ちんもく》）

収録会場の雰囲気《ふんいき》が「面白《おもしろ》くない」？

ジョン・レノン　うーん……。

こういう机で話すのは、あんまり好きじゃないんだなあ。もうちょっと、雰囲《ふんい》

気《き》、できなかったのかなあ。こんなもんですか。私のイメージってこんなもんですか。ちょっと違《ちが》うような気がするんだけどなあ。みなさんもなんか、ちょっとねえ。なんかちょっと違うね？　こんなもんじゃないよね？　こんなもんじゃないよね？

だから、何て言うかなあ。もっとねえ、〝解《げ》脱《だつ》〟しなくちゃ駄目《だめ》なんだよ、うん。あまり、この世に縛《しば》られすぎているんじゃないんかなあ。

いやあ、「愛」っていったって、「何を以って愛とするか」ってねえ、やっぱり、霊的じゃなきゃ愛じゃないんだよ。うん。だから、霊的なねえ、霊的なバイブレーションを感じなきゃ、そんなものは愛じゃないんだよ。

……で、講義が終わりかな？（会場笑）

早すぎる？　ああ、じゃあ、もうちょっと、もうちょっと。

（司会者の）彼、真面目《まじめ》すぎるしさ、司会者がこれじゃあ、全然進行しないじゃないか。なんで女性でも立ててくれないのかなあ。ちょっと寂《さび》しいなあ。

まあ、ここで歌を歌うつもりはないけどね、カラオケの時間じゃないし。歌を歌うつもりはないけどね。

（演台のマイクを触《さわ》りながら）何だか面白《おもしろ》くないなあ、なんか……。これ抜《ぬ》けないのか、このマイクは。何か雰囲気が、なあ？　ライトも雰囲気ないしなあ。まあ、しょうがないけどねえ。

（ワイヤレスマイクを渡《わた》される）うーん？　これ、大丈夫《だいじょうぶ》？　ハモらない？

司会　大丈夫でございます。

ジョン・レノン　（歌い始める）ハモらない～♪　ハモらない～♪　ハーモーらーないー♪　私の歌声はー、けーっしてー、ハーモらーないー♪　君たちのー、地上の世界とはー、決してー、ハモることはー、ないんだー♪　分かるかなー♪　分かるかなー♪　分かるかなー♪　この気持ちがー♪　分ーかーるかなー♪　君たちにー♪　というふうな感じになってしまうので、まあ、最後まで歌ったらいけないから……。

何か訊きたいことはありますか。あれば言いますけど。あんまり堅《かた》いのは、もう、どうせ外されるから諦《あきら》めたほうがいいよ。まあ、いいけど、訊いても。

質問者Ａ　では、私から、よろしいでしょうか。

ジョン・レノン　（演台を叩いて）これ、邪魔《じゃま》だな、ほんとなあ、ほんとねえ。

質問者Ａ　（笑）すみません。

ジョン・レノン　なんか雰囲気、悪いなあ。うーん、何ですかねえ。なんかねえ、ねえ、紫央《しお》さん（大川紫央総裁補佐《ほさ》）、ねえ？　なんか雰囲気、悪いねえ。

これ、前に出ようか。前に出よう。

質問者Ａ　では、前に椅子《いす》を……。

ジョン・レノン　前に出ようか。私、こんなにねえ、〝先生〟じゃないから、偉《えら》くないんだよね。

（演台のないレイアウトに変更《へんこう》する）

Ｑ１　ジョン・レノンが考える「自由な生き方」とは

「自由に気ままに生きながら、モテる」のはなぜか

ジョン・レノン　改めて、ハロー、エブリワン！

会場　ハロー、ジョン・レノン！

ジョン・レノン　うん。今日は「何を以《も》って愛とするか」という、とてもとても難しい題を突《つ》きつけられました。

答えを間違《まちが》えたら、〝救世主の座から

イエス様も転落する〟と言われています。責任重大です。なので、答えやすい質問をお願いしたいと思っております。

どうぞ、〝イケメン〟の方。

質問者Ａ　ありがとうございます。少し前に、ある若者から質問をされました。「ジョン・レノンさんは、なぜ、あのように自由に気ままに生きていながら、あんなに女性にモテるのだろう。なぜ、そんなに人気が出るのだろう」と。

ジョン・レノン　自由に気ままに生きてるから、モテてるんじゃないの?

質問者Ａ　「それが分からない」ということで、お教えいただきたいと思っています。

ジョン・レノン　だって、私が学生服を着て歩いてたら、そんなにかっこよくないじゃない。

学生服は、ちょっと、やはりねえ？　適当なところでボタンを外して、ねえ？　マイクを握《にぎ》ったり、ギターを弾《ひ》いたりしなきゃ、かっこよくないじゃない？

だから、うーん、何て言うかなあ、「かたちを守ってるほうが美しい人」と「かたちを崩《くず》したほうが美しい人」がいるわけよ。で、「かたちを崩しても美しく見える人」は、〝かたちにとらわれないかたち〟を持ってるんだよな。

その〝かたちにとらわれないかたち〟っていうか、自分のこの〝かたち〟が、いろんな場所や時や人を変えても、その〝変わったかたち〟ながら、やっぱり〝同じかたち〟を表現できるのが、私たちの芸術観なんだなあ。

うーん、だから、なんでモテるかって？　そりゃあ、しょうがないでしょう。だって、みんなを愛してるから、モテるんだよ。結論はそれだけだ。

アーティストは〝神様の思し召し《おぼしめ》〟〝リクエスト〟に応《こた》えている

質問者Ａ　たぶん、その人が訊《き》きたかったのは、さらに言えば、「自分が自由に気ままにやると嫌《きら》われる」と。

ジョン・レノン　ほおおー。

質問者Ａ　なぜ、ジョン・レノンは自由に気ままにやって、本能のままに生きているように見えていながら、そうやって人気を博すことができるのか。それをお教えいただきたいと……。

ジョン・レノン　僕《ぼく》、本能のままなんか生きてないよ、全然。

質問者Ａ　そうなんですか。

ジョン・レノン　うん。僕はねえ、そんなことないよ。

質問者Ａ　そんなことはないんですか。

ジョン・レノン　僕は、そんなことはない。もう……、もう一秒一秒を、「ああ、無駄《むだ》にしてるな」ということを自戒《じかい》しながら生きてた、うん、うん。だから、「あぁ、無駄な人生、生きてるなあ」と思いながら生きてたから、そんな本能のままに生きてるなんて、そんな不本意なことはないね。

だから、「かたちにとらわれないで」ということは、まあ、多少はあったことはあるけど、何て言うかなあ。いやあ、アーティストとしては、そりゃあ、本能のままにアーティストなんか、なれるもんじゃないですよ。やっぱり、アーティストっていうのはねえ、うーん……、まあ、〝神様の思し召《おぼ》《め》し〟だなあ。

だから、そういう〝リクエスト〟があるんだよ、神様から。それを直接聴《き》く場合もあるけれども、地上にいるみなさんから、「こんな感じのものが欲《ほ》しい」っていう感じのものが来るわけだよ。

「アイ・ラブ・ユー♪　アイ・ラブ・ユー♪　アイ・ラブ・ユー♪」って、何回ぐらい繰《く》り返したら、あなたの心が震《ふる》えるかなあっていう、この感じがあるわけだよ。だから、一回で震える人もいる、三回で震える人もいるし、三十回ぐらい言わないと震えない人もいる。まあ、いろんな方がいるけど……、だから、一緒《いっしょ》じゃない。かたちは一緒じゃないんだけどね。

「その〝神様のリクエスト〟に応《こた》えて、この地上にアーティストとして答えを見つけ出して、伝える」っていうことなんだな。

だから、「本能のままに生きて嫌われる人がいて、本能のままに生きて愛される人がいる」っていう考えは、おそらく、まだ、その人たちの本当の内面生活とかには、十分に入り切れてないいんじゃないかなと思うんだよね。

「僕はね、〝サンタクロース〟でもあるんだよ」

ジョン・レノン　僕なんか、ビートルズを始めた段階で、もう、ある意味ではねえ、「個人としての自由」は捨てたよ、そのときに。うん。「個人としての自由」は、もうなくなったね。だから、もう、個人じゃなかったね。「世界 対 自分」ということで、あえて日本的に言えば、〝世界相手に相撲《すもう》を取ってる感じ〟かな。戦うのは個人だけどね。まあ、仲間もいたけどね。だけど、まあ、個人だよ。〝個人として世界と相撲を取る感じ〟だったから。

やっぱり、「世界と相撲を取ることができる」、あるいは「前進する」ということが前提の下《もと》の奔放《ほんぽう》さであり、もしかしたら本能的に見えているのかもしれないけれども、そういうことだったなあ。

だって、大勢の人に、毎日のように喜びを与《あた》えるっていうことは、そんな簡単なことではないよ。だから、失敗すればね、それは、「銀座《ぎんざ》で一人で歌っても、誰《だれ》も聴いてくれないで素通《すどお》りしていくレベル」になっちゃう。それから「ドーム球場から人が溢《あふ》れて失神する」までの間には、だいぶ距離《きょり》はあるんだよ。

その違いはね、「どのくらい多くの人を愛してるか」っていうことなんだよ。だから、「愛してる」という言い方が、アーティストとしては違う表現を取らなきゃいけないとするならば、「そういう人たちの魂《たましい》に、喜びを伝えることができるか」ということなんだよ。

だから、本来、この地上で生きているのは、みんな、つらい、苦しいことだと僕は思うよ。だけどさ、この地上に生きてもさ、この地上に生きてる、その苦しさやつらさや悲しさをね、まあ、一時間なりとも忘れることができる。そういう夢の世界をつくり出すことができたらね、僕はね、その間、彼らを愛したことになると思うんだよ。

僕の「愛の定義」はそういうことさ。僕からファンのみんなへのプレゼントなのさ。

だから、僕はね、まあ、アーティストだけど、〝サンタクロース〟でもあるんだよ。〝サンタクロース〟として、みんなにさ……。

何が欲しいかは、それぞれが願ってることがあるんで、それは違いがあるんだけど、その何億人もの、何十億人もの人が、それぞれ違う願いを持って、「神様、どうか、私にこういうものを下さい」とか、「私の未来をこういうふうにしてくださ
い」「私のこの苦しみを癒《い》やしてください」「悲しみを癒やしてください」「私の孤《こ》独《どく》を癒やしてください」「この暗闇《くらやみ》を照らしてください」「この病気から救ってください」「この家庭環境《かんきょう》の苦しさから助けてください」と、いろんな人の声が聞こえてくるのさ。

で、歌声でね、そういうものを一つひとつ、プレゼントを届けて、「はい、これがあなた用」「これ、あなた用」「これ、あなた用」と、一つひとつの「言葉」が、あるいは「調べ」が、みんなに対するプレゼントになってるのさ。

だから、喜んでくれるし。だから、ファンは増え続けたし。（会場に）収容できなくなったし。

だから、僕は、本当は「自分の幸福」なんて考えてなかった。

まあ、子供時代だって、そんなに幸福だったわけではない。自分としてはね、なかったけど。

何にも持ってない僕が、苦しんでる人たちに喜びを与えることができるって、すごいじゃないか。それはまるで、クリスマスのころに、北欧《ほくおう》からソリに乗って空を飛んで、人々に煙突《えんとつ》からプレゼントを届ける、サンタさんみたいな気持ちじゃないか。

そんな気持ちでソリに乗って世界中を飛び回って、世界中の子供たちや女性たちや、それから大人たちも含《ふく》めて、みんなに喜びを伝えたかったのさ。それが僕の青春時代だったな。

だから、僕は、何も得ようとしてなかったよ。お金はね、確かに入ってたかもしれないし、グループのなかで、そうした争いも起きたこともあるけどね。それから、女性に愛されたこともあったかもしれないけどね。でも、誰も僕を縛《しば》ることはできなかったから。

「僕の本能は、神様の指令を受け取って動くことだから」

ジョン・レノン　だから、僕はねえ……、僕は、あくまで僕流さ。

だから、「本能のままに」っていう言葉は、僕にはよく分からないけれども、僕の本能は、「神様の指令を受け取って動くこと」だから。自動的に動くのが僕の本能で。

その本能がね、もし、「地獄《じごく》の悪魔《あくま》から出てる指令を受け取って、自動的に動くこと」だったら、たぶん逆になるだろうね。

だから、君たちの言葉で言えば、「奪《うば》うか、与えるか」っていう、愛の形態の違いになるんだろうと思うけど。

僕たちも、それは、レコードが売れたらお金も入ったし、それでビールも飲めたけれどもさ。でも、そんなことは問題ではなかったし。まあ、評判が上がりもしたし、厳しい批評をする人も出てきたし。

最後は四十歳《さい》で、「熱狂《ねっきょう》的なファンにピストルの弾《たま》を〝プレゼント〟されて、あの世行き」っていう、まあ、誰かに似たような生涯《しょうがい》を送ってしまって。いやあ、そんなプレゼント、別にくれなくてもよかったんだけどねえ。

「あまりに愛しすぎていて殺したくなる」っていう気持ちは、私は、ホラーはあんまり勉強してないからねえ、よく分からないんだけど。本当に好きになったら、殺してでも相手を自分のものにしたくなるのかなあ。よく分からない。よく分からないけどね。まあ、そんな人生。

だから、人間として見たら、こんな人生、いいのかどうかは、僕には分からないな。あんまりよく分からない。でも、何か、自分ができることは、その年代ではした。

でも、たぶん、三十歳以降の僕の生き方は、不満に思ってる人は、いっぱいいるんじゃないかなあ。きっとそう思うなあ。若いころの、「恋愛《れんあい》の歌」を歌ってる僕が好きだっていう人のほうが、きっと多いんじゃないかな。

ヨーコと会ってから、僕は「宗教」と「政治」に目覚めちゃったんで。だから、歌手じゃなくなったところがあるから。確かに、熱心なファンから見れば、裏切られた気持ちはあったかもしれないねえ。

でも、「宗教」と「政治」に目覚めなかったら、僕は僕でなかっただろうと思うんだよ。だから、僕の人生に、一定の〝宝探しゲーム〟があってね、そこで何かを探しながら行かなきゃいけなかったのさ。ただの歌手ではいけなかったのさ。だから、まあ、人生の完全燃焼《ねんしょう》なんてありえないのさ。

だから、何だろうかねえ……。まあ、その方が、なんで本能のままで嫌われているのか分からないけど、うーん……。まあ、子供のときはかわいく見えたことが、大人になるとかわいく見えないことはあるんじゃないかな。

例えば、子供のときは、お腹《なか》いっぱい食べてくれると母親は喜ぶ。ねえ？　だけど、大人になって、食べて食べてし続けて、要求ばっかりしてたら嫌われるだろうね。

だから、同じことでも、「子供ならかわいいが、大人ならかわいくない」っていうことはあるんじゃないかなあ。だから、年齢《ねんれい》相応に変化しなきゃいけないところがあったのかもね。

「本能的に見えていたとしても、決して〝自己中〟じゃなかった」

ジョン・レノン　僕らも、グループサウンズの走りのほうだけどねえ。まあ、大勢の人が集まってくれたのはうれしかったけど。球場を借りてコンサートをやったのは、僕らが最初だったから。

なんか、次々失神する人がいっぱい出て、救急車が球場のなかにいっぱい入ってくるようになって、そのあたりでブレーキがかかっちゃったのさ。この世の会場が、もうなくなったのさ。球場なんて、本当はコンサートにあまりいい所じゃないんだけど、そこに救急車とかパトカーとかがいっぱい入り始めたらさあ、もう音楽の醍醐《だいごみ》味が台なしさ。

だから、そのあたりで限界が来ちゃったんだよ。まあ、人間として生きている限界がね、来ちゃったんだよなあ。

だから、うーん、別に、お金儲《かねもう》けが目的でもなかったし、僕らは別にインテリでもなかったし、愛をいっぱい受けたから愛を返そうとしたわけでもない。

愛なんかなくても、やるべきことはあると思っていたからさ。だから、もし、本能的に見えていたとしても、決して〝自己中〟じゃなかったとは思うよ。いつも、もらっている、そのお金とか、称賛《しょうさん》とか、大勢の人の熱狂的な気持ちとか、受け取ってはいたけれども、「それ以上のものを、みんなにお返ししたい」という気持ちは、いつも持ってたよ。

ただ、まあ、年端《としは》も行かないころは羽目《はめ》も外したし、悪いこともやったかもしれないけどねえ。それは、必ずしも、道徳の教科書に載《の》るような生き方ばっかりはしてはなかったけれども。

それよりも、やっぱり、〝地上に天国をつくってみせる技術〟がねえ、多かったのかなあというふうな感じですかね。

だから、うーん……、その方との違いがあるとしたら、（その方は）まだ、「自分が成長し、成功して人の称賛を受けたい」とか、「人から得たい」という気持ちのほうが、いっぱいいっぱい頭に詰《つ》まっていて、それが満たされていない状況《じょうきょう》だから、他人《ひと》に与えることができないでいたんだろうと思うし。

私は、たぶん、奔放《ほんぽう》に生きているように見えて、実は、自分ができる限界を超《こ》えて、何かを放出していたんじゃないかなあというふうには思うんだけどね、ハハ（笑）。

共産主義国と自由主義国の両方にメッセージを出していた

質問者Ａ　少しよろしいでしょうか。

付け加えるならば、「ジョン・レノンさんが考えている自由」と、その他、多くの、ロックをやっている若者たちにありがちな、「自分は自由なんだ。自由だから何でもやっていいんだ」という考え方とには、違いがあるのではないでしょうか。

ジョン・レノン　うーん……、それはあるね。

どんな社会であっても、組織であっても、それは、ルールはあるだろうから。われわれだって、それはさあ、〝道路を逆方向で走る自由〟はなかったし、〝ジョン・レノンだから、五万人集まった観客のうち一万人ぐらい殺したっていいだろうっていうような自由〟もないさ。それから、コンサートを観《み》るために家出してくる女の子とかがいっぱい増えてきたりしたら、それは社会的非難もされるしさ。

まあ、ロックをやる人には、「体制を破壊《はかい》する考え方」が入ってはいると思うんだけど。まあ、政治的な意味だけどね、やっぱり、「破壊してもいい体制」もあるし、「破壊しないほうがいい体制」もあるからね。そのへんは、はっきりしていたよね。

私たちは、時代的に見れば、第二次大戦が終わったあとの時代で、米ソの冷戦時代がね、始まっていた時代なんで。

そういう、ソ連を中心とした共産主義体制が人々を抑圧《よくあつ》して、彼らに嘘《うそ》を言ってね、奴隷《どれい》状態に置いていて、本当の能力を発揮させないでいるっていうことに対しては、怒《いか》りを持ってたからね。

だから、「Power to the People《パワートゥザピープル》～♪」の世界で、「人々に力を、もっと与えなきゃ。みんなは、もっと、本当は力を持ってるんだよ。君たちが政治をつくり、時代をつくり、国をつくる力があるんだよ」という民主主義的な面を強調したこともあるし。

逆に言えば、そういう〝自由主義国のチャンピオン〟であるといわれていたアメリカでもね……。まあ、私も最後、アメリカへ行って、アメリカで死にましたけれども。アメリカでも、ベトナム戦争以下ね、若い人たちはかなり、戦いたくない戦争にも参加していたからね。

あのなかで軍隊に入って、ベトナムのね、農家の人たちとか子供たちとかを、焼《しょう》夷弾《いだん》とかね、そんなもので焼き殺したりした経験をした人たちは、もう死にそうなぐらい苦しそうな気持ちも味わったからね。

まあ、「自由の大国」といわれるアメリカでも、やってることのなかには、人間性を超えてしまった、この帝国《ていこく》の威信《いしん》とか名誉《めいよ》とか、そういう大国のプライドのためだけに人を殺してるようなところもあったからさ。そういうものに対しては、やっぱり「反対的なメッセージ」を出してたよ。

だから、両方に対して出してた。

「ビートルズの曲がかからないような国は、悪い国なんじゃないか」

ジョン・レノン　だから、最終的にはねえ、難しいことは分からないけど、まあ、僕らの考えっていうか、特に僕の考えは、「ビートルズの曲がかからないような国は、たぶん悪い国なんじゃないか」と。

これは自己本位で言うんじゃなくてね、こういう国、「歌が流行《はや》ると、人々が自由になっていろんなことをし始めるから、警察国家みたいのがもたなくなる」と心配するような国は、たぶん悪い国で。「いろんな曲があっていいじゃないか」というような感じで、「国民が何を選ぶか、見てみようじゃないか」っていうような国は、まあ、いい国なんじゃないかなあと思ってた。まあ、手前味噌《みそ》だけどね。

だから、僕らは僕らなりに、その〝共産主義の鉄のカーテン〟を破ろうとしてたし、アメリカの持ってる〝帝国主義の怖《こわ》い面〟も、やっぱり破らなきゃいけないという気持ちも持ってたから。

歌で破れるかどうかは分からないけど、デモでね。何万人ものデモを起こすのは大変なことだけど、音楽のファンということでね、まあ、そういう思想を共有する人ができていくことで、その境界を破りたかったんだよ。

だから、僕の後半はね、大した活躍《かつやく》はしてないんだけどね。ただ、「宗教的に、政治的に、もう一段、僕は成長した」と自分自身では思ってるよ。

ま、この部分は、ビートルズのファンたちは、必ずしも評価してないかもしれないけど。僕が変になったと思ってる人も、たぶんいたと思うけどね。

でも、まあ、二十代は恋愛の歌を歌っててもいいけど、やっぱり、だんだんにね、もうちょっと大人になってくるからね。だから、自分の持ってる世界に与える大きな影響力《えいきょうりょく》を一部使わせてもらえばね、平和に対するメッセージとかね、人々に対する、「君たちはもっと自信を持っていいんだよ」「もっと行動していいんだよ」ということを、やっぱり呼びかけたい気持ちもあった。

同時に、同時代に、黒人解放運動とかね、そういうものもあったからねえ。そういうのは同時進行していたと思うし。

おそらく、神の願いは、その黒人解放運動なんかや、あるいは、そういう共産主義なんかの弾圧からの解放や、あるいは僕らの歌、こんな歌声でねえ、銃弾《じゅうだん》に代えて戦うっていうんだから、けっこう〝ピースフルな戦い〟だとは思うよ。

歌の世界では、黒人だって、まあ、ロックではないかもしれないけれども、ソウルとか、ジャズとか、そういうものではけっこうやってたからねえ。

だから、「人間の平等をどう見るか」っていうことはあるんだが、まあ、芸術の世界においては、そういう人種を超えることもできたし、生まれを超えることもできたし、貧富《ひんぷ》の差を超えることもできたからねえ。

僕の歌を愛するのに、別に、ミリオネイアでなきゃいけない理由はなかったしね。学生でも聴くことはできたし、白人でも黒人でもよかったし、男でも女でもよかったからね。

「政治的な〝時代の爆弾性《ばくだん》〟を持っていたから、僕の寿命《じゅみょう》は短かった」

ジョン・レノン　だから、そういう政治的な、何て言うか……、〝時代の爆弾性《ばくだん》〟を持ってはいたから、たぶん僕の寿命《じゅみょう》は短かったんだろうと思うけどね。ケネディ暗殺と、きっと一緒さ、意味はね。同じなんだと思う。だから、長生きさせたら、もうちょっと政治性を帯びてくるから、早く葬《ほうむ》りたかったんだろうなと思うけどね。

君たちがやってることだって、本当はそのはずなんだけどね。だけど、君たちも、そうした、「本当の自由のための解放運動」をやってるはずなんだけど、組織に属して組織を維持《いじ》してると、その組織を維持することだけが目的になってしまってね、お互《たが》いに、警察国家みたいになってしまって、監視《かんし》国家になってしまうこともあるからね。まあ、このへんが気をつけなきゃいけないところだよな。会社だってどこだって一緒だけどね。

まあ、分からないかもしれないけど。人間が共同して生活してると、いろいろ規則は出るけれども。だけど、「守らなきゃいけない面」もあるし、「破らなきゃいけない面」もあると。まあ、両方かな、うん。難しいね。

Q2　恋愛《れんあい》や結婚《けっこん》で「本当の愛」をつかむには

「神様の次に好きな人が出てきたときに、結婚したらいい」

司会　それでは、次にご質問のある方はお願いいたします。

質問者B　本日は本当にありがとうございます。

先ほど、オノ・ヨーコさんとの出会いのお話もあったかと思いますが、現代においても、恋愛《れんあい》関係や結婚《けっこん》生活でつまずく人は多くいらっしゃいます。

例えば、〝目だけの恋《こい》〟をしてしまったり、結婚のところについても、「肉体関係さえあれば結婚生活は要《い》らないんだ」というように考える人もいらっしゃいます。

そこで、本当の愛を心でつかむといいますか、本当の愛ある人生を生きるために、ジョン・レノンさんから、恋愛や結婚生活において大切にしたほうがよいことについて、お伺《うかが》いできればと思います。

ジョン・レノン　うん。僕《ぼく》にはねえ、答える資格はないと思うよ、たぶんね。僕は答えられない。

でもねえ、まあ、結婚まで至るかどうかっていうのはねえ、まあ……、やっぱり、「神様の次に好きな人」が出てきたときに結婚したらいいと思うんだよ。うん、「神様の次に好きな人」が出たらね。

まあ、神様より好きになっちゃいけないと思うんだよ。神様より、女性が男性を、男性が女性を好きになったら、僕は、これは違《ちが》うと思う。これは間違ってると思うんで。

もし、神様よりも彼女が好きなために、自分の仕事を捨てるとかね。例えば、聖職者がさ、神様より二十歳《はたち》の彼女がかわいいので、「もう止められない」と言って

〝暴走機関車〟になっていくっていうのは、これは間違ってると思うよ、たぶんね。だから、やっぱり神様はいちばん好きじゃなきゃいけない。神様がいちばん好きじゃなきゃいけない。逆に女性から見れば、男性で、「この人、かっこいいなあ。いい説教をされる牧《ぼく》師《し》さんだなあ」っていうことは、それはありえると思うけど、「そのかっこいいと思っていた牧師さんが、裏側では神様の悪口を言っている」っていうようなことを知っちゃったら、やっぱり、嫌《きら》いにならなきゃいけないと思うんだよな。

外では大勢の人を集めて、「神様は素晴《すば》らしい」みたいなことを言って、ちゃんと信者も集めて、お金も集めてるけど、裏側で恋人として会ったら、「俺《おれ》ねえ、神なんか本当は信じちゃいねえんだ」って言って、「自分だけ成功すりゃいいんだって思ってるんだ」っていうようなことを聞いたら、やっぱり、そのときは軽蔑《けいべつ》しなきゃいけないと思うな。

まあ、僕は難しいことは言えないから、君が求めるような理論的な答えは、僕はできないけど、やっぱり、いちばん好きなのは神様でなきゃいけない。

で、「神様の次に好きになった」と思う者があったら、その人とは結婚してもいいんじゃないかな。

「所有欲」にとらわれて使命を放棄《ほうき》する生き方は甘《あま》い

ジョン・レノン　でも、それ以外にも、好きな人はたくさん出ますよ。僕たちが仕事をしてたら、好きな人はいっぱい出ますよ。

でも、うーん……、気持ちとしてはね、やっぱり、「花畑の花がたくさん咲《さ》いているのを、美しいと思うような気持ちで眺《なが》めるべきだ」と思うんです、基本はね。花が一本だと寂《さみ》しいじゃないですか。花畑にたくさん花があるってことは、やっぱり、美しいじゃないですか。

そういうふうに、アーティストとしてはね、ファンがたくさんできることはうれしいことだから。ファンに好かれることだってうれしいことだし。「ジョン、結婚して！」と言われたって、まあ、それは、「はいよ」って言いながら、しやしないけど。「うれしいよ、その気持ちは」っていうのはあるけど、それは、たくさん咲いてる花壇《かだん》の花に「ありがとう！」って言ってる感じだよな。

まあ、一般《いっぱん》には、そういう気持ちでなきゃいけないというふうに、僕は思うよ。

でも、その一線を越《こ》えてしまうことだって、あることはあるわな。花は動かないけど、〝動いてくる花〟もあるからね、なかにはね。〝足が生《は》えて楽屋までやって来る花〟もあるから、それは、なかなか逃《に》げられない。〝ホテルまで押《お》しかけてくる花〟もあるからね。

まあ、ときどきそういうことは、若いうちは、多少、羽目を外すこともあるかなとは思うけど、やっぱり、一定の成熟年齢《ねんれい》を迎《むか》えたらね、「神様の次に好きな人」と結婚するか、結婚しなくても、そういう気持ちで付き合うってことは大事だよね。

例えば、修道士《しゅうどうし》のフランチェスコとね、その彼女、いたよね？　みたいな感じで、結婚はしてないけど、なんか「理想のカップル」みたいな方もいたよね。

そういうのもあるように、「神様の次に好きになる人」っていうのは、ある程度、尊敬できて、自分が理解するとともに、向こうも自分を理解してくれて、そして、自分の、何て言うかな、ミッション？　ミッションを、やっぱり支えてくれる人でなきゃ駄目《だめ》なんじゃないかな。

そういう人でなければ、あんまり、結婚とか、深い関係は考えるべきじゃないんじゃないかな。

というのは、そういうことを抜《ぬ》きにして、精神的なものを抜きにして深い関係に行きすぎた場合は、所有欲にとらわれてね、お互《たが》いに振《ふ》り回されることがあるから。所有欲っていうのはあるからね、男女共にね。その所有欲でもって、相手の使命を無駄にしてしまったり、自分の使命も放棄《ほうき》する人はいっぱい出てくるんだよ。これは、やっぱり甘《あま》いんじゃないかな。

だから、僕はいくらねえ……。まあ、ポール・マッカートニーなんかも、まだ東京ドームに人を集めてね、コンサートをやることもあるから、あると思うけど、「ポール・マッカートニーが好きなファンばかり来ている。女性がほとんどだ」ということだって、まあ、五万人の女性をホテルに順番に呼んでね、そして、ベッドを共にしてたら、それはねえ、たぶん、彼は死んじゃうでしょう。それはたまったもんじゃないから、そういう〝平等な愛〟は持っちゃいけない。それは、やっぱり、「花畑だ」と思って見なきゃいけない。

でも、そのハードルを乗り越えて迫《せま》ってくる者もあるかもしれないけどね。それは年齢相応、認識力相応のものが、やっぱり、あるだろうね。まあ、七十代後半になったら、もうそんなに闘《たたか》う気力はなかろうとは思うがね。

〝永遠の図書館〟のなかに保存されている「人類の叡智《えいち》」とは

ジョン・レノン　まあ、僕ぐらいの年だったら、それはまだ若かったけど、オノ・ヨーコと結婚したときは反対が多くてね。仲間たちまで反対するから。ビートルズの仲間が、やっぱり、何て言うの？　「白人の金髪《きんぱつ》美人にしてくれたら、僕らだって、堂々と連れて歩けるし、ついて来られても構わないし、一緒《いっしょ》にお茶を飲んで、ご飯《はん》を食べて、映画を観《み》に行ったっていいけど、日本人の、ちょっと怪《あや》しい、ヨガ瞑想《めいそう》に入り込《こ》んで、前衛芸術をやる、理解不能の女性の懐《ふところ》に入っていくジョンなんていうのは、ちょっと付き合いかねる」っていうようなことでね、ずいぶんいさかいはありましたけど。

僕は、ヨーコに目覚めて。うーん、まあ、僕にとっての〝バプテスマのヨハネ〟だね、ヨーコがね。ヨーコに会って精神世界に目を開かされて、ヨガとか、もう一段、深い精神世界に気づいた、気づけたってことは、この世において、よかったなあと思ってる。

それを遺《のこ》せたのは、ほんの少しだったかもしれないけど、僕のなかでは、それは、充実《じゅうじつ》したものとして残ってるからね。

だから、人間は、「この体で表現したものがすべてだ」と思うかもしれないけど、そうじゃなくて、心のなかで思ったこと、例えば、ジョン・レノンとして四十年間生きたこと、その間に思ったことがいっぱいあるけど、この「心のなかで思ったこと」が全部、〝永遠の図書館〟のなかに、全部保存されてるんだよ。「ジョン・レノンが四十年間思ったこと」っていうのは、まあ、一年ごととしたらね、一年に一冊ずつ、この心のなかで思ったことが全部書いてあるんだよ。これが非常に大事なことで。

外に遺した楽曲もね、まあ、ビートルズ全体で二百曲ぐらいはあるとは思うけど、楽曲は有限だけど、心に思ったことはもっと数が多いからね。これがね、あの世の、〝実在界の図書館〟には、全部残ってるんだよ。

本というかたちでも遺ってるけれども、別なかたちで聴《き》きたかったら、それはDVDのようにも、CDのようにも再現できるもので、「はい、このときのジョン・レノンの気持ちは、どうでしたか？」って言うと、「DVDのように、その景色が現れる」とか、「その心の声が、歌のように聞こえてくる」とか、いろんな表現の形態はあるんだけどね。

人間は、まあ、行動することは、この世では有限だから、そう大きくはないけど、心のなかで思ったことは、もっともっと数多くて、はるかに広いものなんだよね。

だから、ジョン・レノンとして生きた四十年のなかで、〝心の図書館〟に何が記録されているか。これが実に重要なことで、これが、後々《のちのち》の人たちにまで影響《えいきょう》を与《あた》えていく、実は「もと」になっているんだね。

だから、天上界《てんじょうかい》に還《かえ》ってから、また僕は影響を与えてるよ、いろんな人にね。影響を与えてる。それが大事なんだよなあ。

だから、聖者の言葉としても、「イエスの言葉」や「釈尊《しゃくそん》の言葉」とかも遺ってはいるけれども、それは、彼らが考えたこと、思ったことから見れば、ほんの百分の一も遺っていないだろう。もっともっとたくさんのことを考えたはずだよ。ね？　だけど、その〝心の図書館〟に残ってるものは、実は、「人類の叡智《えいち》」なんだよな。そういうことがあるので。

「魂《たましい》の永遠性が残らなきゃ、本当の恋愛《れんあい》とは言えないね」

ジョン・レノン　で、あっ、何？「選び方」を言ってたんだっけ？　本能……、本能じゃなくて、ええと、本能はこっち（質問者A）か。

質問者B　「どういった異性を選ぶとよいか」について、アドバイスを頂ければ幸いです。

ジョン・レノン　うーん。いやあ、「バイブレーション」だなあ、やっぱり。バイブレーションだよ。「魂《たましい》のバイブレーション」だよ。「波長《はちょう》」が合わなきゃ駄目だよ。

質問者B　ジョン・レノンさんは、オノ・ヨーコさんのどんなところに惹《ひ》かれたのでしょうか。

ジョン・レノン　うーん、ヨーコはねえ、〝バプテスマのヨハネ〟だと言っただろう？　だから、まあ、僕は僕なりにできていたつもりでいたけど、僕のお面を破っちゃったのは、オノ・ヨーコなんだよ。

「あなたは、女の子にちやほやされて、ラブソングを歌っていたらいい人間じゃないんだ」ということ、「もっと、人類の叡智の奥底《おくそこ》まで降りていかなきゃ駄目なんだ」ということを教えてくれて。

だから、「肉体を超《こ》えた愛」だったと思うよ。

肉体なんていうのは、やっぱり、僕らはもう、肉体なんていうのは〝着物〟だと思ってたから。肉体なんか〝着物〟で、肉体の奥にある、存在の深いところに降りていかなきゃいけなくて。だから、その意味では、彼女のほうが〝導師《どうし》〟だったところもあるね。僕を導いてくれたところもある。

その「宗教的な思想」というか、「神秘的な思想」は、生きてる間に完成することはなかったから、それを十分、発表することはできないけれども、ただ、今ね、例えば、こういうかたちで、ハッピー・サイエンスでも僕の意見は出せ始めているし。まあ、そういうもので、〝神様の粉を挽《ひ》く水車〟は、ゆっくりゆっくり回っているんでね。

イエスもそうだったと思うけど、そのとき、ずばり全部が出るわけじゃなくて、だんだんに、あとから、五十年後、百年後、二百年後、五百年後、出てくるものなので。その意味では、僕はよかったと思う。

だから、「魂のバイブレーションがある人」に惹かれたらいいよ。肉体なんて〝着物〟だから、そんなねえ……。

まあ、この世的には、それは、いろんな、何と言うか、この世的なルールを守ってやっていくほうが安全だと思うけれども、でも、やっぱり〝着物〟だから。最後は、今、火葬《かそう》されたら焼かれて死ぬし、土葬されても肋骨《ろっこつ》になって虫に食われる姿になるから、執着《しゅうちゃく》してもしょうがないので。肉体は表現形態としてのみ存在しているものだと、僕は思うんでね。

表現形態なので、しゃべったり、手を握《にぎ》ったり、キスしたり、ご飯を食べたり、一緒に映画を観たり、いろんな、そういう表現形態としては存在するけど、まあ、最終的なものじゃないと思ってるよ。それを突《つ》き抜けた人にとっては、そんなに大きな問題ではないような気がする。

だから、まあ、「魂の永遠性」が残らなきゃ、やっぱり、本当の恋愛《れんあい》とは言えないね。

やっぱり、「あの世へ行っても、たぶん、コンサートをやったら、一緒にどこかのパートを弾《ひ》いてるだろうね。ボーカルをやってるかどうかは分からないけど、どこかの部分は、お互いやっていているだろうね」っていうような感じ？　そういう意味での「魂の響《ひび》き合いがある人」だったら、まあ、いいんじゃないかなあ。

ジョン・レノンの考える「本物の愛」と「引き際《ぎわ》」

ジョン・レノン　僕はうまく言えないから、この世の、いろんな国の、いろんな文化制度や宗教制度や婚姻《こんいん》制度があるから、それをいちいち言うことは、僕はできない。

でも、僕の勧《すす》めとしてはね、やっぱり、まあ、最初は、若いうちは、外見とか肉体的なものに惹かれることは多いかもしれないけど、いつまでもそれではいけない面はあって。「魂が響き合う関係」を求めたほうがいいと思うし、僕みたいな存在でも、そういう相手はいたっていうことだよね。

だから、まあ、何かあるじゃないですか、こう、カーンッと鳴らして、向こうから返ってくる音が。ああいう、共振《きょうしん》するものがないと、つらいよね。

だから、もし、相手を見てね、魂を見、心を見、心の言葉を読み、お互いに共鳴し合わない、波長が共振しない者だけど、顔が好きだとか、声が好きだとか、服が好きだとか、お金があるとか、学歴があるとか、家柄《いえがら》がいいとか、いろいろあると思うんだけど、まあ、そういう条件も、この世にはたぶん入るだろうけれども、でも、それだけで相手を決めるのは、やっぱり、ちょっとだけ寂《さみ》しいかなあ。

できたら、「魂のバイブレーション」を感じて、自分と共鳴し合うものがあると思う人と結婚するなり、友達になるなり、付き合うなり、なるべく、そういうふうに選ぶ努力はなされたほうがいいんじゃないかな。

申し訳ないけど、僕らから言うと、女の子なんか、ドーム球場にいっぱい、もう、わんさかいるので。肉体的なもので迫られたら、もう、たまったもんじゃないので、それは逃げるしかないです。僕らから見りゃ、〝鬼《おに》の集団〟にしか見えないので。ダーッと、何万人もの〝鬼〟に追いかけてこられたら、たまったもんじゃない。もう、海に飛び込んででも逃げますよ。とてもじゃないが生きられないと思うから。

まあ、そういうファンはファンとして、いてもいいけど、やっぱり、「ファンはファンだ」と思っていないといけなくて。

やっぱり、そのなかから、「魂を共振し合う関係」から、まあ、できれば、それは、「高め合う関係」まで行かなきゃいけないんじゃないかなあ。

だから、「自分の魂が汚《よご》れていく、自分の魂が、波長が低くなっていく関係だ」ということを、付き合ってみて感じたら、やっぱり、それが「引き際《ぎわ》」なんじゃないかな。「この人と付き合ってたら、自分はどんどん下がっていくかな」という気がするなら、それが引き際だと思うけどね。

質問者B　ありがとうございます。

Q3 「自分は愛されていない」と感じる人へのアドバイス

「みんな、無限の水源に本当はつながってるんだよ」

司会　それでは、次にご質問のある方は挙手にてお願いします。

質問者C　今日はありがとうございます。

ジョン・レノン　はい。

質問者C　お話を伺《うかが》っていて、改めて「愛は美しい」と思いました。

ジョン・レノン　うん！　そうだよ。

質問者C　ただ、一方で、現代では、やはり愛が分からなくなっているのかなとも思います。先ほど、愛についてお話しになる際に、「いっぱい与《あた》えられているから、愛を与えているんじゃない。何もなくても、愛を与えるんだ」というようなお話があったと思います。

ジョン・レノン　うん、うん、うん。

質問者C　しかし、「何もないのに愛を与える」ということが、もしかしたら、現代人にはなかなか難しいのかもしれないと感じます。むしろ、何もなかったら、「自分は愛されていない」というような気持ちになってしまうと思うのです。

ジョン・レノン　うん、うん、うん、うん。分かる、分かる。

質問者C　そういう人々に対して、愛について、何かアドバイスを頂けますでしょうか。

ジョン・レノン　みんなねえ、「砂漠《さばく》のなかの旅人だ」と思っているんだよね。だから、オアシス？　「どこかでオアシスに出合って、泉が滾々《こんこん》と湧《わ》いているのが、砂漠のなかで出てきたらいい」って。で、蜃気楼《しんきろう》をときどき見ては、「ああ、行ってみたらなかった」っていう。オアシスを追い求めている。あるいは、オアシスじゃなくて、「逃《に》げ水」みたいに、水が逃げていくような現象があってね。追いかけても追いかけても手に入らない。

でもねえ、本当はそうじゃなくて、君の足元に、実は、掘《ほ》れば泉が湧いてくる。井戸《いど》はそこにあるんだよ。

各人が、実は神様へと通じるものを持ってるんでね。通路を持ってるんで。自分のなかに、井戸は掘ればあるんだよ。

だから、無限のものはすでに与えられていて、神様と直接話ができるところまで、井戸は掘ればつながってるんだよ。

だから、みんな、無限の水源に本当はつながってるんだよ。

「何も与えられていない」っていっても、本当は、もうすでに与えられ尽《つ》くしていて、「あとは、この世に生まれた以上、自分の努力でちょっと考えてみようか」っていう、そういうことを教えられているわけでね。

だから、「砂漠のなかでオアシスを求めれば、幸福になる」と思うなら間違《まちが》いで、本当は、自分の足元に水はあるんだよ。水源はそこにあるんだよ。それに気がつくかどうかだけなんだよ。

「どんな環境《かんきょう》に生まれたって、成功者も失敗者も出てくる」

ジョン・レノン　だって、貧乏《びんぼう》に生まれたって、努力して成功する方はいっぱいいる。ね？　金持ちの家に生まれたからといって、放蕩《ほうとう》して堕落《だらく》していく人はいっぱいいる。ねえ？

どんな環境《かんきょう》に生まれたって、成功者も失敗者も出てくる。ほとんどは何かっていったら、それは「考え方一つ」なんだよ。その人がどんな考え方、マインドセットを持つかによって、全然違ってくるよね。だから、貧乏だって成功のもとになる。

だけど、「貧乏だから、犯罪者になる」とか、「貧乏だから、社会が犯罪に満ちる」という言い方もあるよ。まあ、それも一つの〝愛〟なのかもしれないけどね、そういうふうな見方もね。だけど、それだけだったら間違いだね。

だから、「家貧《いえまず》しゅうして孝子《こうし》出《い》ず」って、よく東洋で言うじゃないか。な？　そういうところもあるので。

まあ、家庭が恵《めぐ》まれなくて、親から愛を受けていない。私なんかもそんな口ですけどね。親から愛を受けなくて。学歴だってねえ、私だって、「オックスフォードやケンブリッジを出て、秀才《しゅうさい》になりたかった」っていう気持ちが、まあ、ゼロじゃあないよ。でも、それは、こういう音楽活動には、あんまり関係のないことではあったわなあ。

だから、環境要因から見れば、別にそんなベストじゃあ……、決してベストじゃないと思うよ。リヴァプールなんて、「マイ・フェア・レディ」か何かだったら、ねえ？　訛《なま》りを直さなきゃいけない、レディになるためには。そういう地域じゃないですか。そんな所から出てきた高校生レベルのグループサウンズが、世界を制覇《せいは》していくわけだからねえ。だから、環境要因なんか言っていたら、もうまったく何の前進もなかったと思うから。

ただ、そういうことは考えないで、まあ、足元を掘って掘って掘って掘ったら、いっぱい〝水〟も湧いたし、〝石油〟も湧いたのさ。いや、あるいは〝金塊《きんかい》〟も出てきたのさ。まあ、いっぱいいろんなものは出てきたんだよ。

で、世界的につながってね。日本にも来れたしね。うん、いろんな人に会えたよ。だから、有名になってよかったことは、いろんな人に会えるようになったことがよかったね。世界のいろんな人に会えるようになった。

だから、本当は、「すべて、何もない」といっても、すべては与えられていて、チャンスは全部開かれているんだよ。本当にねえ、「マインドセット」とねえ、「一定の努力」「持続する努力」は、やっぱり必要だけどね。怠《なま》ける者には、道が開かれないね。

それから、「リヴァプール生まれだから、僕《ぼく》らはどうせ標準語もしゃべれないし、歌ったって言葉が訛ってるから、こんなもの、世界に通じるはずもないし」なんて言ってたら、それはそこまでだわな。「いい音楽教師に恵まれなかったから、僕らは駄目《だめ》なんだ」って言えば、それまでだわな。

だから、いい意味で自分を信じて、何て言うかなあ……。まあ、結果的には、世界の人に選ばれたんだろうから、本当にありがたいなと思ってるけどね。

環境《かんきょう》を言い訳にする人は、「僕から言わせりゃ、全部、偽物《にせもの》」

ジョン・レノン　あとは、もう一つの戦いもあるけどね。音楽の世界も、「天国的音楽」と「地獄《じごく》的音楽」を区別するのは難しいだろう。おそらく難しいだろうと思うけどね。

「天国的な音楽」を多くの人の胸に響《ひび》かせて、彼らが感動したら、「地獄的な音楽」とは波長《はちょう》が合わなくなってくる。

まあ、そういう「音楽での伝道活動」も、あることはあるんでね。

だから、「何も与えられない」といっても、ほかの人と比べてのもので、相対的にもっと与えられている人から見れば、例えば、リヴァプール生まれよりは、ロンドン生まれのほうが明らかに有利ですよ。いやあ、ニューヨーク生まれのほうがもっと有利かもしれない。

だけど、ニューヨークに生まれたからって、「じゃあ、ビートルズ以上の音楽活動ができるか」っていったら、そんなことはない。

チャンスはあるよ。音楽院とかあってね、ジュリアード。いいところはある。いい先生がいる。ねえ？　プロがいっぱいいる。いいプロがいる。プロモーションしてくれる人もいっぱいいる。チャンスがいっぱいある。それは都会へ行けばあるよね。

でも、必ずしも、場所がいいから、環境《かんきょう》がいいからできるもんじゃない。

じゃあ、「親が金を持っている。親が大地主《おおじぬし》で、お城を持っていて、ものすごい大地主で、『そうか。君たち、音楽活動をするのか。じゃあ、大地主だけど、うちの田畑の半分ぐらいを売って、五十億ぐらいはつくってやるから、これで世界中、コンサートして回れ』って言って金をくれれば、われわれは幸福だったか」っていったら、そうでもない。

最初は成功するかも失敗するかも分からないような、いろんな実験、コンサートをやりながら、前進したり失敗したりしながら突《つ》き抜《ぬ》けていくところに、やっぱり喜びはあったんでね。

だから、もう、やっぱり環境を言い訳にしちゃいけないな。

環境を言い訳にしたり、親を言い訳にしたり、きょうだいを言い訳にしたり、お金があるかないかを言い訳にしたり、学歴を言い訳にしたり、まあ、いろいろ言い訳はあると思う。会社を言い訳にしたり、いろいろあると思うし、宗教も言い訳にしたりすることはあると思うけど、そういうやつは、みんな偽物《にせもの》だ。僕から言わせりゃ、全部、偽物。

歌声一つで世界は破れるし、ギター一つで破れるし、トランペット一つで破れるんだよ。鉛筆《えんぴつ》一本だって、破れるんだよ。例えば、物書きとかだったらね。

だから、お金は要《い》らないんだよ、本当は。簡単なものなんだよ。

ただね、やっぱり、その裏にある「志《こころざし》」とか「使命感」とか「希望」とか「夢」とか、まあ、こういうものが、実は大事なんだと思うな。

試練をチャンスに変えられるかは、各人の「自覚」しだい

ジョン・レノン　だから、僕は、環境を言い訳にする人間は、あんまり好きじゃない。

ただ、「いい人との出会い」とか、あるいは、「いい国との出合い」があって目が開けるということはあるよ。ニューヨークに行ったので目が開けて、アメリカの強さ、あるいは素晴《すば》らしさが分かるっていうところはあるし、日本へ来たら日本のよさが分かったり、精神性の深さが分かることもあるし、インドではインドでの、やっぱり悟《さと》りがあるからさ。

そういう意味での環境要因が、まったくゼロとは言わないよ。それは、出会わなければ決して感じることはできないからね。

だから、人にはそれぞれに合った試練が与えられるし、チャンスが与えられると思うけれども、それを試練で終わらせるか、チャンスに変えるかは、やっぱり各人

の「自覚」だと思うんです。

同じものが与えられても、それを「チャンス」にすることもできれば、「自分をふるい落とすための試練だ」というふうに見ることもできる。それは、それぞれのものの見方だし、東洋的に言えば「悟り」の問題だろうね。

まあ、僕はそういうふうに思ってる。

「人智《じんち》を超《こ》えた大きなものに包まれている感覚」を大事に

質問者C　悩《なや》める若者に、アドバイスを頂けるとありがたいと思います。今、悩み苦しんでいて、場合によっては怒《いか》りにとらわれ、世の中を恨《うら》んでいるような人が、今おっしゃっていたような方向に心を変えていくには、どうすればよいでしょうか。
先ほど「家庭的に恵まれていたわけでもなく、若いころは羽目を外したこともあった」とお聞きしましたので、ジョン・レノンさんが本当に苦しいとき、乗り越《こ》えるために必要だった大事なものがありましたら、参考にお教えいただけないでしょうか。

ジョン・レノン　たぶん、うーん、そうね、僕は知識も教養も金もなかったけど、何か「サムシング・グレート」っていうかねえ、「スーパーナチュラルなもの」を感じてはいたよ。毛穴《けあな》でね、「何かサムシング・グレートな存在がある」っていうことはいつも感じていた。

何かそういう、「グレートなもの」が自分をいつも見つめている、その視線を感じてたね。うん。「目に見えない手」が自分を導いている感じは受けてはいたね。判断に迷うこととかは、いっぱいあったけどね。でも、「何かこの世を超《こ》えたものがあるって信じられる」って、素晴らしいことだと思うよ。

で、大事なことはね、おそらく、周りのせいや環境のせいにするような人っていうのは、今度また、自分が何かちょっとした成功をしたり手柄《てがら》をあげたりすると、それを誇大《こだい》に考えて、うぬぼれるような傾向《けいこう》が出るんじゃないかね。だから、それでまた止まっちゃうんだよね。それ以上のものには、たぶんならないので。

そういう、「人智《じんち》を超えた大きなものに包まれている感覚」っていうのを大事にしてほしいなあ。そういう気持ちを持ってたら、ちっちゃな怒りとか、人間関係のつまずきとか、そんなようなことで、あんまり波立つことは少ないいんじゃないかな。

ささやかな「心の操縦《そうじゅう》」で未来は変わっていく

ジョン・レノン　それと、あの世に来て特に感じることだけどね。まあ、音楽活動の話もしたけれども、音楽以外のところを、今、少しは見ているので。その「宗教活動」「精神活動」「スピリチュアルな運動」等については、この世では妨害《ぼうがい》するものはたくさんありますよ。

例えば、一つは唯物論《ゆいぶつろん》的なものだし、まあ、唯物論と並行《へいこう》して走っている科学主義はあります。唯物論科学みたいなものが学問の名を騙《かた》って、そういうものを、神秘的なものを否定してくるものは、一つはあると思います。

それからもう一つは、神秘的なものをある程度受け入れるにしても、「神の声」と「悪魔《あくま》の声」の区別がつかない人は、やっぱりたくさんいるような気がします。で、地獄っていうのは、この世を縁《えん》としてできたものだから、地獄霊《れい》っていうのは基本的に、この世にあるいろんなものに対する執着《しゅうちゃく》を放すことができないために、地獄に行っている。要するに、執着っていう〝重力〟のために、天国に上がれないでいるんだよね。

この世っていうのが、いちおう仮の、魂修行《たましいしゅぎょう》の場としての仮の存在だということを知れば天上界《てんじょうかい》に還《かえ》れるんだけれども、この世に住んでるうちに、この世の生きやすさばかり求めて、いわゆる幸福論でも、「この世の幸福だけがすべてで、それ以外のものはまったく意味がない」というふうな考え方をすると、執着にこれは変わってくるから。

それが執着になると、これが自分に対する錨《いかり》、船の錨みたいな重みになって、上がれなくなって。錨が付いているから、どうしても、もう上がれない状態になってくるね。

だから、そこへ何かこう、やっぱり、「自分よりもはるかに偉大《いだい》な、グレートなものが、精神的にはある」ということを知って、それに〝帰依《きえ》〟することが大事なんじゃないかなあ。

だから、この世に生きていくっていうのは、そういう意味での戦いは続くだろうと思うよ。だから、僕らみたいな音楽活動をやって、評判も呼んで、ファンがついていったら、まあ、自暴自棄《じぼうじき》になったり、人生が破滅《はめつ》に行くような人もいっぱいいるだろうと思うよ。

ただ、そういうふうに知名度が上がって大勢に支援《しえん》されるようになってきたら、「もっと、人間として高みを目指したいなあ」という気持ちが出てくるようなら、まあ、いいと思うんだよね。

だけど、もっともっと、この世的な権力や地位や名誉《めいよ》、財産、異性、こういうものをかき集めたいような気持ちになったら、それは地獄へと堕《お》ちていく重しとしての錨にしかすぎないだろうね。

だから、そのへんの、ほんの単純な、本当に単純な、飛行機の操縦《そうじゅう》で言えば、「上に上がるか、下に落ちるか」だけど、下に落ちることを選べば、いずれ地上に激突《げきとつ》するのは確実だわね。

まあ、ほんの単純なことだけどね。ちょっとささやかな「心の操縦」で、未来はたぶん変わっていくだろうね。

質問者C　ありがとうございます。

Q4 「憎《にく》しみ・怒《いか》り・嫉妬《しっと》」の思いを乗り越《こ》えるには

「憧《あこが》れ」と「嫉妬」を混同していないか

司会　それでは、次にご質問のある方は挙手にてお願いいたします。

質問者D　本日は、まことにありがとうございます。私からは「嫉妬心《しっとしん》の克服《こくふく》」についてご質問させていただきます。先ほど、ジョン・レノン様のお話のなかで、成功を手にされるまで必ずしも恵《めぐ》まれた環境《かんきょう》ばかりではなかったけれども、そうした環境を言い訳にすることなく、多くの人たちに対する愛を実践《じっせん》するなかで成功を手にしていかれたということを教えていただきました。

ただ、人間にはどうしても自己愛が強くなる傾向《けいこう》があり、すでに成功している人で、自分の成功を応援《おうえん》してくれる人に対しては肯定《こうてい》的な感情を持つけれども、反対に、自分の成功や幸福を邪魔《じゃま》する人、あるいは、自分の願望を満たしてくれないと思う人に対しては、憎《にく》しみや怒《いか》り、嫉妬の思いを向けて、それを行動で表したり、言葉で攻撃《こうげき》したりするのが平均的な人間の姿だと思います。

本来自分が成功したい、幸福になりたいと思っているにもかかわらず、そうした地獄《じごく》的な心にとらわれて、かえって自分自身を苦しめている人に対して、ジョン・レノン様からアドバイスを頂けると幸いです。

ジョン・レノン　まあ、「憧《あこが》れ」と「嫉妬」を混同してる人は、けっこういるからね。だから、自分が憧れてるのか、嫉妬してるのか、やっぱり、そのへんを見極《みきわ》めることは大事だよね。

「憧れ」はあってもいいと思うよ。特に若い人の場合は、自分より先を行ってる人がいっぱいいいるからね。十年後、二十年後、三十年後、五十年後の自分の姿として、「ああ、ああいうふうになれたらいいなあ」っていう憧れはあっていいと思うんだよね。で、「憧れるものに向かって、成長していきたい」っていう気持ちを持つことは、自分にとっても、ほかの人にとってもいいことだと思うよ。

ところが、「憧れ」ならいいものを、「嫉妬」してしまうことがある。

「いい意味で、自分のことに、もうちょっと熱中したほうがいい」

ジョン・レノン　嫉妬するとどういうふうになるかっていうと、その目標物を破壊《はかい》したくなったり、あるいは逆に、そういうふうになれない、憧れの人みたいになれないことの言い訳をつくり始める。いわゆる〝アリバイ〟をつくり始めるので、何か破壊的なことを自分に対してもやり始めて、結局、自分が不幸になっていくことは多いんだよね。自分が成功しなかった理由を、自分自身でつくっていくんだよね。「だから、なれなかったんだ」っていうことで慰《なぐさ》めようとする。

だけど、まあ、簡単なことだけど、気球は、いっぱいいっぱい、下から熱い空気を送れば、どんどんどんどん空に上がっていくものなんで。ほかの気球が高い所を飛んでるからって、気にする必要はないんであって、自分の気球の下でね、やっぱり火を焚《た》いて、熱い空気をどんどん送ってやれば上がっていくんで。まあ、そちらのほうに熱中することが大事だね。

だから、うーん、まあ、嫉妬なんかして、一文《いちもん》の得にもなりゃしないよ。もちろん、自分より歌がうまいとか、演奏がうまいとか、そんな人はいっぱいいるよ。それから、広告、売り出し方とかがうまい人はいっぱいいるから、それは同じようにはいかないとは思うけど。まずは、いい意味で、自分のことに、もうちょっと熱中したほうがいいんじゃないかなあ。

だから、自分自身の仕事での成功を収めていくとね、要するに、気球がガーッと高く上がっていくと、ほかの気球が上のほうにいたとしても、そんなに気にならないものなんで。自分の気球が上がってるうちはね。

ただ、自分の気球が上がらないと、ほかの気球を撃《う》ち落としたくなってくるんでね。何か銃《じゅう》ででも撃って、バーンッと破裂《はれつ》させて、落としてやりたくなる気持ちになる。でも、これはあんまりいい心ではないわねえ。誰《だれ》が見てもいい心ではないと思うので。

「自分より格上の人」「先を進んでる人」に教わることも大事

ジョン・レノン　嫉妬はねえ、一円にもならないということは知ったほうがいいし、あるいは、自分より格上の人っていうか、先を進んでる人に教わることも非常に大事なことなので。

まあ、あんまり早いうちに、「自分より上なんか誰もいない」って思うことは、間違《まちが》いのもとだね。

やっぱり、若いうち、中年期でも、まだまだ先生になるような人は、いっぱい世の中に存在するんでね。そういう人たちに対しては、謙虚《けんきょ》に教えを受ける、言葉を学ぶ、考え方を学ぶ、修行《しゅぎょう》の仕方を学ぶことが大事で。そういうことをしないでいると、やっぱり、我流《がりゅう》に陥《おちい》ってしまうことはあるので。どの道でも素晴《すば》らしい人はいてもいいと思う。

その時点その時点での、自分の先生になるような人はいると思うけど、いずれ追いついて、追い抜《ぬ》くこともある。そのときには、もっと高みにある人を目指して、追いかけようとしていけばいい。

あるとき、自分が「世界のトップ」に立っていることを知ることもある。この場合には、今度は自分が嫉妬される側になって、大勢に追いかけられる。まあ、ある意味では理想でもあるけれども、ある意味では嫉妬にもなるので、大勢に追いかけられることになる。

そのときに、どういう気持ちで自分がいられるかは分からない。かつての自分のように成功を目指してる人たちに、教えを説いてやろうとするか、方向づけをしてやろうとするか、助けてやろうとするか、厳しく鍛《きた》えてやろうとするか、「おまえは才能がない」っていうふうにやるか、それは分からない。いろいろだけれども。

まあ、自分が経験してきたことを生かしていくことが大事だね。

「神様を信じていたら、行く方向は決まるから」

ジョン・レノン　だから、まずは、「自分自身が自力でどこまで行けるか」っていうことを見極めることが大事で。それ以上の精神的な、何て言うかなあ、マイナスのものは、発信したところで、自分が〝毒素〟を帯びるだけで、何もいいことは、たぶんないだろうね。

だから、本当は、「他の人が自分を不幸にした」と思ってるけど、それは間違いで、他の人は、自分を励《はげ》まし、引き上げるための、実は「目標」にも「理想」にもなりえたものなんで。それが不幸にしてるんじゃなくて、自分自身の気球が上がらないことが、本当の問題だということですね。

ですから、何かの仕事に打ち込《こ》んで、まだ成功しないで苦しんでる方はいると思うけど、同業の人とか似たようなケースの人に嫉妬したり、悪口を言ったりするんでなくて、やっぱり、自分自身をもうちょっと高めることを考えたらいいね。

お金持ちに嫉妬するということはあると思うよ。だけど、自分自身が事業に成功してお金持ちになったら、その嫉妬心は、やっぱり消えるよ。どうしたって消えちゃうんでね。だけど、嫉妬心だけを合理化すると、最後は泥棒《どろぼう》にでもなろうかという感じにはなるわね。

だから、私が言ったことは、全部、簡単なことばっかり。二元法《にげんほう》で考えて、「どっちを選びますか」っていうことばっかりだけど、できたら、最終的には、やっぱり「信仰心《しんこうしん》があるかどうか」だよね。

神様を信じてたら、行く方向は決まるから。神様を信じてない人にとっては、行く方向が決まらないんだよ。だから、自分で、もう四方八方《しほうはっぽう》、目茶苦茶《めちゃくちゃ》に動いちゃうんだよね。

だから、信仰心を持ってることが大事なんじゃないかね。

Q5 「共感力」や「イマジネーション力」を高めるには

「共感」は、どういうときに生まれるのか

司会　それでは、次で最後の質問とさせていただきます。ご質問のある方は挙手にてお願いします。

質問者E　本日はありがとうございます。質問させていただきます。

　人間関係において、「他人《ひと》の気持ちが分からない」ということについて悩《なや》んでいる方が多いと感じております。また、「周りからなかなか共感を得られない」と悩んでいる方も多いように思うのです。

　そして、それを自覚せずに、「自分はよかれと思ってやっているけれども、周り

からは顰蹙《ひんしゅく》を買っている」ということもあるように感じます。

そこで、今なお世界中で長く愛され続けられている楽曲を数多くつくられたジョン・レノン様から、人間関係における、他人の気持ちが分かるような「共感力」や「イマジネーション力」を高めるヒントなどをお教えいただけると幸いです。

ジョン・レノン　他人の気持ちなんてねえ、誰《だれ》も分かりませんよ。分かる人なんかいませんよ。みんな分からない、お互《たが》い。それが、個人が別々の理由だから、分からない。お互い百パーセント本音のことをしゃべってるとは限らないし、それを言ったり書いたりするとも、必ずしも思えない。

だから、分かりません。本当に分かりません。分かるのは自分の気持ちだけです。だから、自分の気持ちを、例えば歌に託《たく》して発表する。自分の気持ちを小説に書いて発表する。自分の気持ちをスピーチにして人々に話す。

で、それが多くの人の共感を受けるか否《いな》かは、いろいろでしょうね。（共感を）

受ける場合も、反感を受ける場合も、両方あるでしょうね。それは、自分自身を見ている、自分の心を見てるんだけど、その自分の心の見方が正しいか正しくないかを、ほかの人が反応で示してくれているんだよね。

だから、「多くの人が共感してくれる。言葉に共感してくれる」ということは、自分自身のことしか考えていない、自分自身の心を見てるだけなのに、「自分自身の心を見つめていることが、ほかの人の心にも共通していることになっている」ということだよね。これが「共感力」になってるっていうことだと思うんだよ。

だから、歌なんかもそうなんだよ。本当は自分の心情を歌ってるだけなんだけどね。自分の思いを、思いの丈《たけ》を、一生懸命《いっしょうけんめい》歌ってるんだけど、「どれだけの人が共感して、反応してきてくれるか」ということは、自分のなかに見たものがね、みんなの心のなかに普遍的《ふへん》に眠《ねむ》っていて、気づいていない何かを目覚めさせていった場合に、そういう「共感」が出てくるんでね。

「神様に届きたい」という気持ちが、ほかの人にも響《ひび》いていく

ジョン・レノン　だから、他人の気持ちは分からない。分からないけど、この自分の気持ちは分かる。その自分の気持ちのなかで、「これを訴《うった》えたい。これを知ってほしい。これを伝えたい」と思うものが、本当にそれが、ほかの人にも必要なものであったり、ほかの人を喜ばせたり、ほかの人を魅力的《みりょく》にしたり、幸せにしたりするようなものであれば、心の琴線《きんせん》に触《ふ》れて、必ず反応が出始めるんでね。

そうすると、それが、「ほかの人の気持ちが分かってる」というのと同じことなんだよ。ほかの人たちも、その歌を聴《き》いて……、例えば「Yesterday《イエスタデイ》」なら「Yesterday」って歌を歌った。イエスタデイ（昨日《きのう》）なんか、みんな持ってるよ。全員持ってる。ね？　イエスタデイは全員持ってる。

だけど、自分が歌った「Yesterday」の歌を聴いて、胸にキュンキュンといろんな人がくるなら、自分のなかの心を見つめて、言いたいことを歌っているだけなん

だけど、それがほかの人にとっても、「ああ、自分もそれが歌いたかったんだ」と、「そういうことが言いたかったんだ」と、「そういうことを、自分は本当は思っていたんだった。それが、自分自身でうまく整理できてなかったんだ」というような感じで、いろんな人の心の弦《げん》を弾《はじ》いていくんだよね。

そうすると、多くの人の「共感」を得るようになって、それが結局、「多くの人の気持ちが分かるから、そういう歌を歌ったんだろう?」って、結果的にはそういうことになるんだよ。

だけど、本当は誰の気持ちも分からない。誰の気持ちも分からない。だけど、自分の気持ちを掘《ほ》り下げていって、それが、何だろうかね、うーん、まあ、いつも、「神様に届きたい」というような気持ち? 「この歌声やこの音色を届けたい」っていう気持ちでやってると、ほかの人に、やっぱり結局、響《ひび》くということなんじゃあないかなと、僕《ぼく》は思うね。

だから、他人の気持ちが読めないことは、お互い様なんで、しょうがありません。

ただ、自分自身の心の「本当の心」を、やっぱり読み取っていくことが大事で。虚飾《きょしょく》を去り、ね？　いろんな名誉欲《めいよよく》とか金銭欲とか、そういう個人的ないろんな欲望を取り去って、本当に、何て言うか、「透明《とうめい》な水晶《すいしょう》のような心」を見つけたら、それを取り出して、それをいろんなかたちで表現していけば、必ずほかの人にも届くし、理解してもらえるんじゃないかなあと思います。

だから、他人の心を読もうと、そんなに努力する必要はないんじゃないかなあというふうに、私は思いますけどね、うん。

質問者E　ありがとうございます。

「感謝の心」を持つことが「愛の発見」につながる

司会　それでは、質疑応答は以上とさせていただきます。

ジョン・レノン　そうですか。

「何を以《も》って愛とするか」、とても難しい題で、歌が必要だね。「What is Love?《ワット イズ ラヴ》 Real Love?《リアル ラヴ》」。まあ、こんなところですかね。

でも、今日は、〝媒体《ばいたい》〟があんまり、もうひとつよろしくありませんので。別の機会で、愛の歌をまたつくってみたいと思っております。

みなさんを、朝からいろいろと悩ませまして、申し訳ございません。

でも、まあ、愛の話はね、成功も失敗も両方、人生を深めるためには必要なものだと思いますよ。だから、決して無駄《むだ》にはならないんじゃないかな。

まあ、愛の反対で「憎《にく》しみ」とか「嫉妬《しっと》」とか、よく出てくるけれども、さっき言った井戸《いど》のたとえみたいに、ただただ、自分のなかから、もっと愛が掘り出せないかを考えたらいいよね。

別のかたちで言えば、環境《かんきょう》要因に置き換《か》えれば、それは「感謝」でしょうね。

だから、自分の置かれてきた環境に対する「感謝の心」を持つことが、結局は、

「愛の発見」につながるということだと思いますね。

だんだん欲求不満になってくる人たちは、感謝の気持ちが少ないということがありますね。少ないものでも大きく感謝する人もあれば、いくら与《あた》えられても感謝できない人もいる。そういう人たちは、実は、愛を与えることもできないでいるということですね。

まあ、そういう意味での、私も「愛の伝道者」でありたいなと思っています。

これからも、ハッピー・サイエンスの発展のために応援《おうえん》します。どうか、みなさん、頑張《がんば》ってください。フフッ（笑）。

司会　ジョン・レノン様、ありがとうございました。

大川隆法　（手を二回叩《たた》く）ありがとうございました。

「霊言現象《れいげん》」とは、あの世の霊存在の言葉を語り下ろす現象のことをいう。これは高度な悟《さと》りを開いた者に特有のものであり、「霊媒現象《れいばい》」（トランス状態になって意識を失い、霊が一方的にしゃべる現象）とは異なる。

また、人間の魂《たましい》は原則として六人のグループからなり、あの世に残っている「魂のきょうだい」の一人が守護霊《しゅごれい》を務めている。つまり、守護霊は、実は自分自身の魂の一部である。したがって、「守護霊の霊言」とは、いわば本人の潜在《せんざい》意識にアクセスしたものであり、その内容は、その人が潜在意識で考えていること（本心）と考えてよい。

なお、「霊言」は、あくまでも霊人《れいじん》の意見であり、幸福の科学グループとしての見解と矛盾《むじゅん》する内容を含《ふく》む場合がある点、付記しておきたい。

第2章

自己愛に翻弄《ほんろう》されない生き方

――オノ・ヨーコ守護霊《しゅごれい》の霊言《れいげん》――

二〇一九年八月二十日　収録

幸福の科学　特別説法堂《せっぽうどう》にて

オノ・ヨーコ（一九三三〜）

前衛芸術家、音楽家。東京都出身。安田財閥《やすだざいばつ》創始者の安田善次郎《ぜんじろう》の曾孫《ひまご》。二十歳《はたち》のときに父親の赴任《ふにん》に伴《ともな》い渡米《とべい》し、前衛芸術運動にかかわるようになる。一九六九年、ジョン・レノンと結婚《けっこん》し、共に音楽活動や「ベッド・イン」などの平和運動を行《おこな》った。ジョン・レノンの死後も、音楽、美術、平和運動、女性解放など、多岐《たき》にわたって活動を続けている。

質問者　大川紫央《おおかわしお》（幸福の科学総裁補佐《ほさ》）

［他の質問者一名はAと表記］

※役職は収録時点のもの。

〈霊言《れいげん》収録の背景〉

二〇二一年公開予定の映画「美しき誘惑《ゆうわく》——現代の『画皮《がひ》』——」（製作総指揮・原作　大川隆法）を構想中に、天狗《てんぐ》系・妖狐《ようこ》（画皮）系の生霊《いきりょう》が来たため、参考意見を聞くべく、オノ・ヨーコ氏の守護霊《しゅごれい》を招霊《しょうれい》した。

1　ジョン・レノン霊支援《れいしえん》の原曲に秘《ひ》められた力

天狗《てんぐ》系・画皮《がひ》系の生霊《いきりょう》をあぶり出す「Wanderer《ワンダラー》」の原曲

（編集注。背景にジョン・レノン霊支援《れいしえん》による大川隆法総裁の原曲「Wanderer《ワンダラー》」がかかっている）

大川紫央　オノ・ヨーコさんですか？

オノ・ヨーコ守護霊　はい。何か、今年（二〇一九年）は、この夏は近づいていらっしゃるようですけれども。

大川紫央　はい。『ジョン・レノンの霊言《れいげん》』（前掲《ぜんけい》）も出ていますけれども、ご存じでしょうか？

オノ・ヨーコ守護霊　ええ、ええ。もちろん。（ジョン・レノンがイエス・キリストの分身《ぶんしん》であるというのは）まあ、ちょっと、そんなに偉《えら》くていいのかどうか、あれですけど。仕事がそんなにできていないので。

大川紫央　ジョン・レノンさん（霊人《れいじん》）に歌をつくるのを手伝っていただいていて、この（「Wanderer」の原曲の）ような感じで歌ができているんですけれども。

オノ・ヨーコ守護霊　はい、はい。

大川紫央　何か、この歌に……。たぶん、『正心法語《しょうしんほうご》』（幸福の科学の根本経典《こんぽんきょうてん》）を読誦《どくじゅ》している人たちのなかで、この歌で反応する生霊《いきりょう》がやたらと多いんです。

オノ・ヨーコ守護霊　うん、ああ……。

（約五秒間の沈黙《ちんもく》）たぶん、そのなかにいる人は、大川総裁をちょっと違《ちが》うふうに見ているんだろうと思う。自分たちはまだ若くて、「名誉欲《めいよよく》」「権力欲」「色欲《しきよく》」「金銭欲」、みんな満々に持っているけど、（総裁は）「七十歳《さい》以上になった孔子《こうし》様みたいに、もう〝枯《か》れて〟きてしまっているから、自分たちがそろそろ〝飛んだり跳《は》ねたり〟したい」と思っているんだと思います。

大川紫央　確かに、ある人（生霊）は、「ロックを歌うのはこっちで、〝若い人〟なんです」と言っていました。

オノ・ヨーコ守護霊　見解が〝逆〟になっているんですね。

大川紫央　そうなんです。それで、「総裁先生にロックが歌えるわけがないだろう。おかしい」とか……。そうなんですよね。「総裁先生は、そういうものは理解できていない」と思っているのかな。

オノ・ヨーコ守護霊　まあ、そういうふうな気持ちはあるでしょうね。だから、あなたがたで言えば、「明治の人の気持ちとか、大正の人の気持ちが分からない」というようなものでしょうかね。

大川紫央　特に、天狗《てんぐ》系とか、「画皮《がひ》」といわれる妖狐《ようこ》系の方の、欲があって来ている人（生霊）が、ジョン・レノンさんの原曲だとあぶり出されるというのは、何なのでしょう?

オノ・ヨーコ守護霊　うん、たぶんねえ、もう関心はね、財産だけなんだと思うんですよ。

大川紫央　なんと……。

質問者Ａ　財産……。

オノ・ヨーコ守護霊　財産分与《ぶんよ》なんだと思うんです。

大川紫央　ああ……。そうですか。

オノ・ヨーコ守護霊　「財産をどれだけもらえるか」ということを考えているので。

質問者A　なるほど。

東洋的にメディテーションを好むところがあったジョン・レノン

オノ・ヨーコ守護霊　私も財産家だったので、家は。だから、パトロン的な役割は多少していましたけどね。まあ、彼も別に稼《かせ》ぐのは上手でしたから、どうってことはなかったんですけど、妙《みょう》に正当性のある結婚《けっこん》をしているんですよね。

そういう、うーん……、外見だけだったら、私なんかではどうかなって言う人は多かったし。仲間？　グループの仲間も嫌《いや》がって……、東洋人の私と（ジョン・レノンが）結婚することを嫌がってはいたけど。

彼のなかに、何か東洋的にメディテーション（瞑想《めいそう》）を好むところがあったのでね。そういうところで、フィーリングが合ったんだと思うんですけどね。

大川紫央　（天狗系・画皮系の人の関心は）財産なんですね。

郵便はがき

料金受取人払郵便

赤坂局
承認

7468

差出有効期間
2021年10月
31日まで
(切手不要)

1 0 7-8 7 9 0

112

東京都港区赤坂2丁目10−8
幸福の科学出版(株)
愛読者アンケート係 行

お名前《フリガナ》	男・女	歳
ご住所 〒 都道府県		
お電話( ) —		
e-mail アドレス		
ご職業 ①会社員 ②会社役員 ③経営者 ④公務員 ⑤教員・研究者 ⑥自営業 ⑦主婦 ⑧学生 ⑨パート・アルバイト ⑩他( )		
今後、弊社の新刊案内などをお送りしてもよろしいですか? (はい・いいえ)		

愛読者プレゼント☆アンケート

何を以って愛とするか』のご購読ありがとうございました。
今後の参考とさせていただきますので、下記の質問にお答えください。
抽選で幸福の科学出版の書籍・雑誌をプレゼント致します。
発表は発送をもってかえさせていただきます)

1 本書をどのようにお知りになりましたか?

① 新聞広告を見て [新聞名：]
② ネット広告を見て [ウェブサイト名：]
③ 書店で見て ④ ネット書店で見て ⑤ 幸福の科学出版のウェブサイト
⑥ 人に勧められて ⑦ 幸福の科学の小冊子 ⑧ 月刊「ザ・リバティ」
⑨ 月刊「アー・ユー・ハッピー?」 ⑩ ラジオ番組「天使のモーニングコール」
⑪ その他 ( )

2 本書をお読みになったご感想をお書きください。

3 今後読みたいテーマなどがありましたら、お書きください。

ご感想を匿名にて広告等に掲載させていただくことがございます。ご記入いただきました個人情報については、同意なく他の目的で使用することはございません。

ご協力ありがとうございました!

でも、要するに、そのなかには、「地位」とか「名誉」を含《ふく》めたものも入っているという感じですよね？

オノ・ヨーコ守護霊　まあ、もちろんそれが付随《ふずい》しないで財産だけだったら、今、固定しているものになる。そちらが付随すれば、今後もお金を生み出され続けることも意味しますからね。

質問者Ａ　では、オノ・ヨーコさんは、欲がそれほどなくて……。

オノ・ヨーコ守護霊　いや、うちも財産家ですから。明治以降、まあ、財閥《ざいばつ》とまでは行かないけど、それに近いような家なので、お金に困ってはいないので、全然。

大川紫央　ただ、たとえ財産家の家に生まれたとしても、親の財産をどれだけ多く自分のもとにもらえるかということで争いになるじゃないですか。

オノ・ヨーコ守護霊　そうそうそうそう。

大川紫央　でも、たぶん、オノ・ヨーコさんは、そちらには行っていないですよね。

オノ・ヨーコ守護霊　うーん、まあ……、芸術のほうに行っているから。

大川紫央　そうですね。そちらに行っていますから。

オノ・ヨーコ守護霊　まあ、ただ、財産があるのは、芸術系に行く人にとっては、それは有利は有利ですけどね。そういうものがないと、なかなか自分の好きなことはできないで、やっぱり、世の中に迎合《げいごう》することをやりますから。

だから、意外に、財産があることで〝ロックになれる〟ところはあるんですよね。

大川紫央　でも、みんな、（生霊になっている）当会の人はロックになろうとしても、私たちから見ると、全然ロックではなくて。もう、既存《きそん》のヒットしているものとか、そちらをやりたくて言っているので、全然ロックには見えないんですけれども。ジョン・レノンさんやオノ・ヨーコさんは、既存の勢力に対して本当にロックだったじゃないですか。

オノ・ヨーコ守護霊　はい。

大川紫央　ただ、たぶん（生霊になっている）当会のなかの人は、真理に〝ロック〟しようとして、結局、世俗《せぞく》と同じになっているという。

オノ・ヨーコ守護霊　彼らは、まあ、そういう気持ちがあるんじゃないですか？（自分たちは）もう〝ジョン・レノンやオノ・ヨーコをしている〟ような気持ちがあるんじゃないですか？

大川紫央　ああ……。「ジョン・レノンみたいになりたい」とは思っているでしょうね。ただ、ジョン・レノンの本当の心は知らずに、ですけど。

オノ・ヨーコ守護霊　まあ、激しく出てきているから、財産争い。財産と地位と権力、それと、「みんなが憧《あこが》れの相手をゲットするかどうか」という争いをしているのだと思います。

大川紫央　まあ、「それが、この世的な価値観なんじゃないか」ということを……。若いうちに、ある程度、そういうものを求める心があったとしても、もうちょっと「真理的な価値」も認めるような感じになってもらわないといけないです。

オノ・ヨーコ守護霊　彼らから見ると、教団も、何か認められたくて、うじうじしてやっているように見えているんだと思います。

大川紫央　世の中に対してですね。

オノ・ヨーコ守護霊　うん……。まあ……、小さいけど、〝天下人《てんかびと》〟をもう目指しているということでしょうね。

2　オノ・ヨーコ氏の魂《たましい》の秘密

「イエスとの縁《えん》」や「魂の系統」について明かす

大川紫央　オノ・ヨーコさんは、（過去世《かこぜ》でも）イエス様と縁《えん》がおありになったんですか？

オノ・ヨーコ守護霊　うーん、いや、私の魂《たましい》は東洋系なんですけどね、どっちかといえばね。

大川紫央　この前、ジョン・レノンさんが、「何とかのマリアみたいな人だよ」と……（『ジョン・レノンの霊言《れいげん》』参照）。

オノ・ヨーコ守護霊　まあ、〝東洋のマリア〟ですかね、じゃあ。

大川紫央　（笑）

質問者Ａ　〝東洋のマリア〟。お名前はありますか？

オノ・ヨーコ守護霊　うーん、まあ……、名前はないかもしれませんが。私は、ヒマラヤ系の……。

質問者Ａ　ヒマラヤ？

オノ・ヨーコ守護霊　うん。ヨーガをやった者なので、ええ。

だから、仏教よりもさらに古い、インド・ヨーガ、ヨーガ霊界《れいかい》の者です。

大川紫央　あっ、そうなんですね。

オノ・ヨーコ守護霊　イエスとは、イエスがインドに来たときに出会っています。

大川紫央　縁がついている?

オノ・ヨーコ守護霊　うん。会っています。

大川紫央　へえーっ。

質問者A　そうなんですね。

大川紫央　あなた様は、どのような神様を信仰《しんこう》しているのですか？　どういう系統から力を得ているかとか……。

オノ・ヨーコ守護霊　いや、今、イエスは言われているから、イエスはたてなきゃいけないとは思っているけど、もともとはヴィシュヌですね。

大川紫央　ヴィシュヌ神なんですか。

オノ・ヨーコ守護霊　はい。インド霊界……。

大川紫央　ヴィシュヌ神は、今、霊界のどこかにいらっしゃるんですか？

オノ・ヨーコ守護霊　いやあ、私のような者にはよくは分かりませんが、うーん……。まあ、いちおう釈尊《しゃくそん》はその分身《ぶんしん》だと言われている以上、エル・カンターレと関係がある魂だろうと思っていますが。

大川紫央　エル・カンターレはご存じですか？

オノ・ヨーコ守護霊　知っていますよ。

大川紫央　オノ・ヨーコさん（守護霊）は知っていると。

オノ・ヨーコ守護霊　もう人生、終わりが近づいていますので、私も。それは知っています。でも、私はインド・ヨーガ系統なので。

まあ、それを何と言うのかは知りませんが。私も「仙人《せんにん》」なのかしら。

「あの世」の「霊」と対話する

文書　この用紙で本の注文が出来ます！

	冊
	冊
	冊
	冊

—

—　—

込

引き

にチェック
い

郵便振込…振込手数料　窓口 203円　ATM 152円
コンビニ振込…振込手数料 66円
代引き…代引手数料 330円

送料無料 ※但し、税抜500円以下の場合は別途送料300円がかかります。

る予定の書籍が含まれている場合は、発刊時にまとめてお届け致します。

付先 03-5573-7701

注文⇒ 幸福の科学出版ホームページ　幸福の科学出版　検索
https://www.irhpress.co.jp/

フリーダイヤル 0120-73-7707（月～土 9：00 ～ 18：00）「カタログを見た」とお伝えください

のお問い合わせも 0120-73-7707 までお気軽にどうぞ。

「仙人《せんにん》」と「天狗《てんぐ》・画皮《がひ》」との違《ちが》いとは

大川紫央　柴咲《しばさき》コウさん（守護霊）が、（ご自身のことを）仙人《せんにん》（仙女《せんにょ》）だと、先ほどおっしゃっていました。

オノ・ヨーコ守護霊　まあ、「仙人」というのはねえ、霊力をつける修行《しゅぎょう》はするんだけど、そんなに「欲」はないんですよ。

質問者Ａ　なるほど。

大川紫央　そうなんですよ。この世の欲に紛《まぎ》れたくなくて、隠遁《いんとん》して修行している人が仙人じゃないですか。

オノ・ヨーコ守護霊　そうなんですよ。この世の多数から離《はな》れてねえ、独《ひと》り、楽しみたい気持ちを持っているのが仙人なんですよ。

大川紫央　確かに、天狗《てんぐ》や画皮《がひ》とは、けっこう〝真逆〟な感じの性格があることはありますよね。

オノ・ヨーコ守護霊　一緒《いっしょ》ではないですね。

大川紫央　方法として……。

オノ・ヨーコ守護霊　天狗はこの世を支配して、動かして、操縦したい気持ちを持っているけど、仙人はそういう気持ちではなくて。仙界《せんかい》にいて、まあ、本当に稀《まれ》に、この世に、必要なときには行って力を与《あた》えることはありますが、自分自身は、本当は隠遁のほうが好きなのが仙人なんですよ。

大川紫央　権力などからは、どちらかというと遠ざかりたいほうですよね。

オノ・ヨーコ守護霊　そうなの。隠遁しているんですが、でも、ただ、山のほうにみんなが真理を求めてやって来ると、それは……。

大川紫央　いちおう力は与える。

オノ・ヨーコ守護霊　相手をすることはあるという感じなんですよね。これが仙人なんですよね。

なぜジョン・レノンは東洋にまで影響《えいきょう》を与《あた》えることができたのか

大川紫央　芥川龍之介《あくたがわりゅうのすけ》先生の『杜子春《とししゅん》』に出てくる仙人は知っていますか。

オノ・ヨーコ守護霊　「鉄冠子《てっかんし》」ですか？

大川紫央　そう、そう。

オノ・ヨーコ守護霊　うーん、まあ、たくさんいますから。中国、インド、日本、仙人はたくさんいますから。

大川紫央　そうですか。

オノ・ヨーコ守護霊　どちらかというと、そちら系ですね。ただ、「奇跡《きせき》」を起こすことは私たちもできるので。

たぶん、私とつながることで、ジョン・レノンは東洋のほうにまで、何て言うか、影響《えいきょう》を与《あた》えることができたんだと思いますけど。イギリスからアメリカ、そして日本、東洋のほうへと、影響を伸《の》ばすことができたのではないかと思いますけど。

大川紫央　ジョン・レノンさんもそういう人とご結婚《けっこん》されているから、確かに天狗・画皮とはぶつかるところはありますよね。

オノ・ヨーコ守護霊　いや、彼もそういう欲がないところもあるのでね。子育てを五年もやっていたりしていましたからね。

まあ、今、リーディングでねえ、（ジョン・レノンが）「イエスの魂のきょうだい」みたいに言われて、ちょっと私も責任を負えないかもと思って、ちょっと心配はしてはいるんですが。

大川紫央　でも、確かに霊力はすごいですよ、本当に。この歌（「Wanderer《ワンダラー》」）をかけると、生霊《いきりょう》で来ている人たちがあぶり出される現象がかなり起きているので、けっこう霊力があるんだと思います。

オノ・ヨーコ守護霊　昔の幸福の科学の本で、イエスの生涯《しょうがい》で、「若いうちにインドまで来ている」と書いてあるのがあるでしょ？

大川紫央　はい。

オノ・ヨーコ守護霊　「インドで物質化現象の訓練を受けている」というの。

大川紫央　では、そこが「奇跡」につながっているところがある？

オノ・ヨーコ守護霊　そう。それが、その後の「奇跡」を起こしているでしょ？

大川紫央　はい。

オノ・ヨーコ守護霊　だから、インドではそれができるので、現実に。インドの霊界は大きいですよ。とっても大きいので。

「君は、ヨーコ・オノと友達になれるよ」という言葉の意味は？

大川紫央　ジョン・レノンさんに、（霊言で）「君はヨーコ・オノと友達になれるよ」と言われました。

オノ・ヨーコ守護霊　うん、誰《だれ》が？

大川紫央　私です。「本当に？」と思いましたが。

オノ・ヨーコ守護霊　「友達」という言い方はいいのかどうかは分かりませんが、うーん……、でも、「仲間」と言えば仲間なんじゃないですかね。

大川紫央　仲間なんですね。

オノ・ヨーコ守護霊　うん。

大川紫央　そのときの（ジョン・レノンさんの言葉が）謎《なぞ》すぎまして。ああした前衛芸術をされている方と友達になれるかなと。

質問者A　（笑）

オノ・ヨーコ守護霊　だって、あなただって、まだまだ〝謎〟でしょう。〝謎の転《てん》生《しょう》〟を繰《く》り返していらっしゃる。

大川紫央　そういう意味では、仲間になれるところはあるということですね。

オノ・ヨーコ守護霊　私も〝UMA《ユーマ》（未確認生物）〟、あなたも〝UMA〟なので。

大川紫央　確かに（笑）。オノ・ヨーコさんも〝謎〟ですものね。

オノ・ヨーコ守護霊　〝謎の生命体〟として存在していると思いますよ。あなた、

〝謎の生命体〟ですね。

大川紫央　オノ・ヨーコさんも謎です。

オノ・ヨーコ守護霊　（あなたについては）まだ分からないところが多いでしょ？　まだ会員さんからもよく分からない人ですから。ねえ？

大川紫央　オノ・ヨーコさんも、「なぜ、ジョン・レノンはオノ・ヨーコと？」という謎がありました。

オノ・ヨーコ守護霊　いや、あなたも同じことを言われていますから。

大川紫央　そうそう（笑）、そういうことですよね。

オノ・ヨーコ守護霊　「なんで仏陀《ぶっだ》の嫁《よめ》に〝龍馬《りょうま》〟がならなきゃいけない」とね。

大川紫央　それはもう本当に謎ですからね。

オノ・ヨーコ守護霊　「おかしい」と言われる。「なんで〝パンダ〟なんだ」という。

大川紫央　本当になんででしょう。

パンダも鉄冠子《てっかんし》も「四川省《しせんしょう》の仙人界《せんにんかい》」とつながっている？

オノ・ヨーコ守護霊　パンダっていうのはねえ、だから、四川省《しせんしょう》ですが、中国の仙《せん》人界《にんかい》の……。大きな、また、仙人界がありますので。

そんなパンダみたいなのも、まあ、そういうところと、つながりが、たぶんあるんですよ。

大川紫央　（笑）確かに。パンダは、山で独《ひと》りでいますからね。

質問者Ａ　（笑）

オノ・ヨーコ守護霊　パンダは〝仙人〟なんですよ。パンダは決して〝天狗〟にならないんですよ。パンダは〝仙人〟なんです、うん。いくら人気が出ても、パンダは〝天狗〟にならない。

大川紫央　鉄冠子《てっかんし》も四川省の仙人です。

オノ・ヨーコ守護霊　ええ、たくさんいます、こんな人は。

大川紫央　中国にもいっぱいいるんですね。

オノ・ヨーコ守護霊　ええ、峨眉山《がびさん》のほうでしょう？

大川紫央　そうです。

オノ・ヨーコ守護霊　はい、いっぱいいますよ、もちろん。

「天狗《てんぐ》」と「画皮《がひ》」が共に存在できる理由

大川紫央　でも、天狗《てんぐ》さんも山に独りでいるじゃないですか。

オノ・ヨーコ守護霊　天狗と仙人は……、だから、天狗はですね、世の中が乱れてこないと面白《おもしろ》くないんですよ。

大川紫央　へえー！　混乱が好きということですか。

オノ・ヨーコ守護霊　うん。世の中が乱れてきて、一旗揚《ひとはたあ》げられるチャンスを狙《ねら》うのが天狗なので。

質問者Ａ　なるほど。

大川紫央　でも、画皮《がひ》は、一旗揚げるような人を滅《ほろ》ぼすのではないですか。あっ、だから、そこの〝一旗盛り上がるところ〟は共通しているということ？

オノ・ヨーコ守護霊　だから、なぜ存在できているかというとね、やっぱり時代を変えていくためには……。

大川紫央　必要だと。

オノ・ヨーコ守護霊　滅びなければ、新しいものが起きてこないので。まあ、天狗は新しいものを起こそうともするんだけど、必ずピークが来て落ちる。そのとき、また滅びて次のものが出てくる。その前に、だから、「天狗の鼻を伸ばす部分」と「滅びていくところ」と、両方必要なんですよ。

大川紫央　では、ほかには、例えば（九尾《きゅうび》の狐《きつね》とされる楊貴妃《ようきひ》を妻にした）玄宗皇《げんそうこう》帝《てい》はどういう存在だったのでしょう？

オノ・ヨーコ守護霊　玄宗皇帝は、はあ……（息を吐《は》く）、まあ、本性《ほんしょう》をいぶり出せば、それは何らかの化《ば》け物だと思いますよ。
たぶんね。見たこともないような化け物だと思いますよ。

大川紫央　ああ。〝謎の生命体〟なんですね。

オノ・ヨーコ守護霊　たぶんねえ、大きな「大ネズミ」みたいなやつだと思う。ネズミの化け物だと思います、たぶん。かじるので。

大川紫央　かじる？

オノ・ヨーコ守護霊　〝柱〟をかじるんです。

質問者A　柱？

オノ・ヨーコ守護霊　たぶん、妖狐でなければ、これ〝妖ネズミ〟ですわ。「巨大ネズミ」だと思います。大きなネズミがいるんですよ。屋台骨《やたいぼね》をかじるんです。

オノ・ヨーコ氏と仲の良かった樹木希林《ききき りん》も「仙女《せんにょ》」に近い？

大川紫央　オノ・ヨーコさんは、生前の樹木希林《きききりん》さんとも仲が良かったとお聞きしたんですけれども。

オノ・ヨーコ守護霊　ええ、ええ。

大川紫央　確かに、樹木希林さんも、ちょっと神秘的な感じもありつつ、同じようなところ、似たところはあるのでしょうか。

オノ・ヨーコ守護霊　うーん、まあ、「仙女《せんにょ》」に近いかなあ？

大川紫央　ああ。みなさん、そちらですか？

オノ・ヨーコ守護霊　うーん。

大川紫央　オノ・ヨーコさんも、占《うらな》いのように、方角とかを見て、「こちらから回ってくるのは今回はやめておいて、こういう経路でニューヨークまで来なさい」というようなことを、スピリチュアルな感じで言う人だとお聞きしました。

オノ・ヨーコ守護霊　うーん。だから、まあ、彼のほうの足りないところを補っているので。

大川紫央　なるほど。

3　本当の意味での「ロックな生き方」とは

「大川総裁には、まだまだ『隠《かく》された力』がある」

大川紫央　では、このジョン・レノンの原曲（「Wanderer《ワンダラー》」）に込《こ》められているものは、いちばんは何なのでしょう？

オノ・ヨーコ守護霊　いやあ、大川総裁には、まだまだ「隠《かく》された力」があるんですよ。

大川紫央　そこを一部、出しているからですか。

オノ・ヨーコ守護霊　その部分が〝ロックで出る〟と、少し解き放たれてくるところがあるんですよ。極《きわ》めて知性的で理性的な方なので、能力を全部出していないんですよ。

大川紫央　そうですよね。

オノ・ヨーコ守護霊　だから、もっと、獣偏《けものへん》の「狂《きょう》」の字が出てくれば、出てくる能力があるんですが。イエスなんかは、もうとっくに〝狂《くる》って〟いましたから。

大川紫央・質問者Ａ　（苦笑）

オノ・ヨーコ守護霊　まあ、この世的には〝狂って〟いたので。

大川紫央　ええ、面白《おもしろ》いですよね。ジョン・レノンさんも面白いですよね。

オノ・ヨーコ守護霊　ええ。〝狂っている〟ところがあるので。そこまで行くと、この世を否定して、もう霊界《れいかい》そのものの存在に変わってくるので、いろんなことが起きるんですが。

だから、まだ、大川総裁は知性・理性が強いので、この世的には普通《ふつう》に見えるようにしようとしておられるから。〝ロックをやる〟と破れてくるので、そこが。

大川紫央　なるほど。

オノ・ヨーコ守護霊　うん。出てくる。だから、「エル・カンターレの本当の力」はこんなもので済むわけがないので。もっと「隠れた力」があるはずですので。

まあ、場合によっては、こういうのは、最後の一年だけしか出ないかもしれないんですけれども。

大川紫央　そうですね。

オノ・ヨーコ守護霊　人というのは、それぞれのポリシーがあるから。

大川紫央　でも、「宇宙との交信」も、そういうところを開く可能性はありますよね。

オノ・ヨーコ守護霊　ええ。まあ……、それは、まだね、私から見てね、すごい仕事をされてるけど、まだ能力は十分の一ぐらいしか出していないと思います。まだ十倍ぐらいある。出てない。

出てないのは、〝この世の気苦労《きぐろう》〟がかなり多いから、今。〝この世的な気苦労〟

をしているから。

まあ、その部分が消えていったら、〝あの世的〟になりますから、もっと。

オノ・ヨーコ氏の使命は「一種の〝触媒《しょくばい》〟」？

大川紫央　では、やはり、オノ・ヨーコさんの使命はそういう……。

オノ・ヨーコ守護霊　まあ、〝触媒《しょくばい》〟ですよ、私は。

大川紫央　そういうことですね。

オノ・ヨーコ守護霊　私は一種の〝触媒〟なので。

まあ、インド霊界、ヨーガ界の仙女《せんにょ》なので。

そういう意味では、それは、大川さんだって知らないわけじゃありませんので、つながりはありますよ、それは、その意味ではね。

大川紫央　仏陀《ぶっだ》も、最初は、そのあたりから（修行《しゅぎょう》を）始めていますからね。

オノ・ヨーコ守護霊　うん。〝仙人修行《せんにんしゅぎょう》〟をやっていますから。インドは基本的には……、インドの修行者は仙人系統が多いので。

大川紫央　映画「世界から希望が消えたなら。」（製作総指揮・大川隆法、二〇一九年公開）で描《えが》かれたことが実際に起きていたときに、総裁先生が病院でおっしゃったという衝撃《しょうげき》の言葉があります。「インドのヨガの行者《ぎょうじゃ》なんかには、自分の意志で、心臓を止めたり動かしたりできる人がいるんですよ」という（『イエス・キリストの霊言《れいげん》』〔幸福の科学出版刊〕参照）。

オノ・ヨーコ守護霊　ええ、できますよ。インドは仙人が多いですね。というか、この世的な発展が、あんまり、もうできないので（笑）。

大川紫央　（笑）そちらに行くしかない。

オノ・ヨーコ守護霊　そっちに行くんです。

大川紫央　なるほど。

ジョン・レノンにとってオノ・ヨーコ氏は〝逃《に》げ込《こ》み場〟だった

大川紫央　天狗さんや、画皮《がひ》系の狐さんに、もう少しちゃんと仕事をする方向で、そのパワーを使ってもらうには、どうすればよいでしょうか。

オノ・ヨーコ守護霊　彼らから見れば、彼女らから見れば、まあ、あなたを補っているつもりでいるんだろうと思いますよ。だから……。

大川紫央　ないところを補おうとしているということですか。

オノ・ヨーコ守護霊　私を見て、ジョン・レノンのファンたちは、「あんな女でいいのか」って、みんなね、文句《もんく》をつけていましたから。「もっといい女がいくらでもいるぞ」と、「金髪《きんぱつ》のいいのを連れて歩けば」と、みんな言っていたと思いますよ。

あなたもそんなふうに見えているので。「なんで？　あんなのでいいんですか」と言われて、「これは補わなくてはいけない」と思ってる人たちが、まあ、飛び回っているんだと思いますけど。

だから、あなたも、周りから見ると、本当に〝オノ・ヨーコ〟にしか見えてないっていうことに……。

大川紫央　（苦笑）

オノ・ヨーコ守護霊　だから、「妖狐《ようこ》が飛び回る」っていうことです。

大川紫央　では、オノ・ヨーコさんの周りも妖狐が飛び回っていたんですか？

オノ・ヨーコ守護霊　まあ、そういうことでしょうね。もっと、マリリン・モンローみたいなやつは、いっぱいウロウロいましたからね。だから、ジョン・レノンがそちらのほうに惹《ひ》かれれば、いくらでもあったでしょう。

やっぱり、ジョン・レノンにとってはね、まあ、何万ものファンに囲まれることはよくあったけど、私のところへ来るのは、まあ、峨眉山《がびさん》か、インドの須弥山《しゅみせん》かは知らないけど、その山のなかに入って、〝仙人修行〟をして籠《こ》もるような感じで、〝逃《に》げ込《こ》み場〟だったということですね。

「妖狐《ようこ》や天狗《てんぐ》」と「唯物論《ゆいぶつろん》の中国人」に共通する心の傾向《けいこう》性とは

質問者Ａ　妖狐《ようこ》や天狗《てんぐ》さんの心のあり方を変えるのに、何かアドバイスはありますでしょうか。

オノ・ヨーコ守護霊　はあ……（ため息）。まあ、社会を固定すれば、あんまり出てこなくなりますけどね。変動させれば出てきます。

大川紫央　では、しかたがないということでしょうか？

質問者Ａ　（苦笑）

オノ・ヨーコ守護霊　それは、文明を変化させるために、いちおう用意されている存在だから。

質問者A　なるほど。

大川紫央　ただ、仏法真理《ぶっぽうしんり》を、ある意味、堂々と否定しているところもあるんですよ。

オノ・ヨーコ守護霊　うーん。もちろん、お釈迦《しゃか》様の言うとおりにすれば、人類はもう滅《ほろ》びていますから。

大川紫央　ただ、お釈迦様以上の真理が、今、説かれていますので。それだけではなくて、ちゃんと「発展・繁栄《はんえい》の教え」も入っていますし。「心がない」と叫《さけ》んでいる人を後継者《こうけいしゃ》にすることも、宗教としてはできないですしね。

オノ・ヨーコ守護霊　いや、「心がない」という〝教え〟も、まあ、〝立派な教え〟で、それは、中国十四億人も、それが支配していますから。

大川紫央　今、エル・カンターレは、その唯物論《ゆいぶつろん》と戦っていますので。

オノ・ヨーコ守護霊　彼らは〝心がない人たち〟ですから。

大川紫央　はあ……（ため息）。

オノ・ヨーコ守護霊　「欲望しかない」ので。

大川紫央　そうですよね。ですから、（唯物論の）中国人と同じになっていますよね。

オノ・ヨーコ守護霊　「欲望を満たす」ということでしょ？　彼らにとっての政治も……。まあ、宗教は要《い》らないけど、信条も、「欲望を満たす」っていうことですよ。

大川紫央　政治、経済、軍事、全部そうです。

オノ・ヨーコ守護霊　「人間としての欲望を満たす」ということで、やってるわけですから。

大川紫央　分かりました。

「大川総裁は、ロックであったり、秩序《ちつじょ》や調和であったりする人」

オノ・ヨーコ守護霊　まあ、そんなところですけど。何か私に言ってほしいことがあるんですか？

大川紫央　いえ、（天狗系、妖狐系の人たちは）ジョン・レノンさんの原曲で、なぜ、これほど反応するんだろうと。

それで、ジョン・レノンさんに、映画「美しき誘惑《ゆうわく》――現代の『画皮』――」の相談をすると、「ほら、僕《ぼく》の伴侶《はんりょ》を見てみなよ。僕は画皮じゃないことが分かるでしょう？」というようなことを……。

オノ・ヨーコ守護霊　それは、あなたを、紫央さんを見ても分かりますよ。

大川紫央　（苦笑）

オノ・ヨーコ守護霊　（天狗系、妖狐系の人たちには）「大川総裁みたいに面白くない人生を生きたくないので、もうちょっとハチャメチャに生きてみたい」という気持ちがあるんですよ。

大川紫央　そうだろうと思います。そうすると、なぜかジョン・レノンの曲と、ぶつかっているんですよ。

オノ・ヨーコ守護霊　大川総裁が、実は若いころからたいへん〝ハチャメチャに〟生きてきたことは、彼らは知らないから。

大川紫央　私は総裁先生を見て、この人生を生きておられる時点で、「いちばん面白い人生を生きているな」と思うんですよ。

オノ・ヨーコ守護霊　今はね、比較《ひかく》的安定しているから、分からないんですよ。それを見ているからね。もう固まっている。要するに、大会社みたいになっているんですよ。

だけど、その途中《とちゅう》は、大変な〝ハチャメチャ〟だったんですが。

大川紫央　確かに、「一人でこの教えを説き始めた」というのは、そうとう〝ロック〟じゃないですか。

オノ・ヨーコ守護霊　そうですよ。

大川紫央　ただ、それが、どうしても伝わらないんですよね。

質問者Ａ　分からないんですよね。

オノ・ヨーコ守護霊　その経験を伝えることができないんですよ、残念ながらね。先生が寝《ね》てばかりいて、本を読んでいるだけで、こんな組織ができるわけがないでしょう、それは。

質問者Ａ　そうですね。

大川紫央　信者さんのなかには、「先生はロックだ」とか、「パンクだ」とか言う方はいるのに、そういうふうに見れる人もいるのに……。

オノ・ヨーコ守護霊　そういう人は、だいたい、三十年以上、信者をやっている人ですよね。

まあ、でも、（大川総裁は）こういう人だから、「ロック」であったり、「秩序《ちつじょ》」や「調和」であったりするような人だから、ジョンみたいに四十歳《さい》で暗殺されるようなこともなく生きているんでしょうから。

大川紫央　そうですね。

オノ・ヨーコ守護霊　もっと騒《さわ》ぎだけ求めていけば、やっぱり、そういう、暗殺されたり、刑務所《けいむしょ》に入れられたりするような、いろんなことが起きただろうと思いますよ。そのへんの引っ込み方が上手だから、ならないんでしょう。

大川紫央　はい。

「宗教においては開祖がいちばんで、抜《ぬ》けないことになっている」

オノ・ヨーコ守護霊　まあ、しかたがないですね。

特に、〝宗教というのは、極めて芸術的才能に近いものがある〟ので、小説家の子供が小説家になるのも難しいように、芸術家の子供が芸術家になるのが難しいように、難しいんですよ。会社を継《つ》ぐのと違《ちが》うということ。

大川紫央　そうですね。その人の素質というか……。

オノ・ヨーコ守護霊　まあ、ある種の「天才性」は要《い》るので。それは引き継げるものではないところがあるんですよね。まあ、しかたがないですね、それは。そんなものでしょう。

あとがもっともっと力があって、大きくできていくものだったら、最初に出てくる人がそんなに偉《えら》くなくても見えてくるはずですから。

歴史上の宗教家とかはみんな、最初の人がいちばん偉いので。あとの人はそれほどではないっていうことでしょう？　〝いちばんいい球《たま》〟は最初に出していくので。

大川紫央　宗教では、いちばん偉いのは「開祖」ですから。仏陀もイエス様も。

オノ・ヨーコ守護霊　必ずそうで、それを抜《ぬ》くことはできないんです。ほかの職業では、そういうものはないんですけど。あとになるほど、よくなるので。

大川紫央　そうですね。おそらく、その見方が、普通の会社を見ている感じで見てしまっているので。

質問者Ａ　確かに。この世的な……。

オノ・ヨーコ守護霊　会社は大きくできるんですけどね、まあ……。

大川紫央　ただ商品を売っているだけの企業とは違いますからね。

質問者Ａ　宗教ですものね。

オノ・ヨーコ守護霊　まあ、宗教においては開祖がいちばんで、二千年、三千年抜けないという。キリスト教人口はすごくあるけど、二十億人もあるけれども、イエス以上の人はいないことに、いちおうなっているわけで。まあ、いたかもしれないけど、分からないようになっているし。

大川紫央　いや、でも、いないでしょう。

オノ・ヨーコ守護霊　儒教《じゅきょう》でも、孔子《こうし》は抜けないし。哲学《てつがく》でも、ソクラテスは抜けないし、仏教でも、仏陀は抜けないようになっていますので。まあ、開祖というのは、抜けないことになっているんです。それは「神の化身《けしん》」だからね。

大川紫央　はい。それはそうだと思います。

オノ・ヨーコ守護霊　だから、あと、人間がいくらあがいても、それは、行かないものは行かないので。見極《みきわ》めが大事ですね。

大川紫央　はい。ありがとうございました。

オノ・ヨーコ守護霊　私に言えることはこんなものですけど。

まあ、イエスの魂と仏陀の魂はちょっと傾向《けいこう》は違うので。仏陀は、宗教家として見たら、比較的、「大成《たいせい》の人」「完成の人」ではありましょうから、まあ、多少違う面は出るとは思いますけどね。

ただ、あとは、まあ、大変でしょうね。あとは大変になると思うな。

大川紫央・質問者Ａ　ありがとうございました。

スペシャルメッセージ

〈The Words from John Lennon in Heaven
（ジョン・レノンから贈《おく》る言葉）〉

2020年10月25日　霊示《れいじ》

※本スペシャルメッセージは、本経典《きょうてん》を発刊するに当たり、大川隆法総裁が霊言《れいげん》「何を以《も》って愛とするか」（本書第１章）の映像を観直《みなお》していた際、ジョン・レノンの霊から、本を発刊するなら一曲歌ってもいいという話があり、英語の歌のかたちで録《と》り下ろしたものです。

和訳：幸福の科学国際本部

〈ジョン・レノンから贈《おく》る言葉〉

霊示《れいじ》：ジョン・レノン

元気かい、世界中のみなさん。
元気かい、僕《ぼく》を愛してくれているみなさん。
この世界は多くの苦しみに満ちている。
君たちは困難のなかにあり、最も厳しい時代を生きている。
君たちはコロナウィルス19で苦しんだ。
人々のパワーを破壊《はかい》する大きな力に苦しんだ。
でも、神を信じてほしい。
僕は神のトランペット。
ああ、ビートルズの曲に触《ふ》れたなら
何か温かいものを、力強いものを
何か……天上界《てんじょうかい》から吹《ふ》く風を感じるだろう。
僕は天国にいる。
天国にいて、イエス・キリストの右腕《みぎうで》なんだ。
毎日、愛の歌を歌っている。
絶望のなかにある人たち。
今こそ天の声を聴《き》くといい。
僕は天使じゃない。
天使以上の存在なんだ。
僕は大天使でもない。
愛の神の一部なんだ。

<The Words from John Lennon in Heaven>

Inspired by John Lennon's spirit

How are you, people in the world?
How are you, all the people who have loved me?
There are so much sufferings in this world.
You are in a difficulty, in the hardest day.
You suffered from Coronavirus-19.
You suffered from great power which destroyed power of the people.
But believe in God.
I am the trumpet of God.
Oh, if you felt the music of the Beatles,
you can feel something warm, something strong,
something … wind from the other world.
I am in the Heaven.
I am in the Heaven and I am the right hand of Jesus Christ.
I am singing the songs of love day by day.
People who are in a great depression.
You should hear now the Voice of Heaven.
I am not an angel.
I am more than an angel.
I am not the great angel.
I am the part of the God of Love.

ほら、知ってるだろう、エル・カンターレの名を。
そう、この方が僕たちの神なんだ。
僕は今、この神をお助けしている。
日本に降臨《こうりん》したこの神のお手伝いをしていて
世界を救いたいんだ。
この新しい神、エル・カンターレは、
かつてはエローヒム、そしてアルファという名だった。
僕たちは今こそ、力を合わせてお互《たが》いに助け合おう。
特に、東アジアの強大な政府に苦しめられている人たちを。

香港《ホンコン》の人たちを助けてほしい。
台湾《たいわん》の人たちを助けてほしい。
宗教を信じる人たちを助けてほしい。
無神論は真理じゃないし、科学は完璧《かんぺき》じゃない。
だから今、僕たちは神の歌を歌う。
これが天国の神の声なんだ。
どうか僕を信じてほしい。
僕は、一度は亡《な》くなった。
40 年前にこの世を去った。
1980 年 12 月、ニューヨークでのことだった。
その翌年、大川隆法さんが、つまりエル・カンターレが
目覚めを得て救世主に、新たなセイビアになった。
それ以来、僕はいろいろその方のお手伝いをしてきた。
今こそ、その方をお助けするとき。
今こそ、エル・カンターレの説かれる真理を伝える時代。

You know, you know, you know, you know the name of El Cantare.
Yah, this is our God.
I am helping this God now.
I am assisting this God in Japan, from Japan,
and want to save the world.
This new God, El Cantare, was Elohim, and was Alpha in the old name.
Now we put together and save each other,
especially who are suffering from the powerful government in the eastern Asia.
Please help Hong Kong people.
Please help Taiwanese people.
Please help the people who believe in religion.
Atheism is not the Truth and science is not complete.
So now we sing a song of God.
This is the Voice of God from Heaven.
Please believe in me.
I once passed away. I passed away.
I left this world forty years ago.
It was 1980 December in New York.
And next year, Mr. Ryuho Okawa, yah, this is the name of El Cantare,
He had awakened and became a savior, new savior.
And after that, I assisted Him a lot.
Now is the time to help Him.
Now is the day to convey the Truth from El Cantare.

僕はイエス・キリストという名だったときも
エル・カンターレの力の下《もと》にあった。
あのときも今も、エル・カンターレが僕の霊的《れいてき》な父なんだ。
この真理を信じてほしい。
キリスト教徒も、この真理を信じてほしい。
イスラム教徒も、アッラーを信じているけど
アッラーとはエル・カンターレの別名なんだ。
この方が真実の神なんだ。
君たちは、この方をお助けしなければならない。
この方をお手伝いしなければならない。
エル・カンターレにパワーを。
エル・カンターレは慈悲《じひ》を与《あた》えてくださる。
これが天国のジョン・レノンからのメッセージ。
さようなら、みなさん。
僕はいつまでも君たちを愛している。
僕は永遠に君たちを愛している。
そのことを忘れないでほしい。
僕を信じるということは、エル・カンターレを信じるということだよ。
さようなら、さようなら、さようなら。

（以上）

Even I was named Jesus Christ.

I was under the Power of El Cantare.

El Cantare was and is my Spiritual Father.

Believe in this Truth.

Even the Christian people, believe in this Truth.

Even the Islamic people, Islamic people, believe in Allah.

But Allah is another name of El Cantare.

This is the Real God.

You must help Him.

You must assist Him.

Power to the El Cantare.

El Cantare will give you mercy.

So, this is the message from John Lennon in Heaven.

Goodbye, people.

I love you forever.

I love you forever.

Never forget about that.

Believe in me and it means believe in El Cantare.

Goodbye, goodbye, goodbye.

(END)

あとがき

ジョン・レノンが一九八〇年十二月に射殺されたときには、音楽にうとかった私にも十分なショックだった。その三カ月後、私には天上界との霊道《れいどう》が開け、一年半後には、ニューヨークの彼の住居前（射殺現場）で、私流《わたしりゅう》のとむらいを行った。

ジョン・レノンの霊が私を訪れたのは、二〇一五年のアニメ映画「ＵＦＯ学園の秘密」の中に〝Lost Love〟という歌を挿入《そうにゅう》した時だった。ここ二～三年には、よく私を訪れている。

本書の巻末《かんまつ》には、〈ジョン・レノンから贈る言葉〉として歌で送られてきた彼の霊的メッセージを掲載《けいさい》している。ジョン・レノンに代わる歌手が簡単には探せないので、まだ歌としてはリリースできないでいる。ビートルズファンの方は、私自身のへたな英語の歌でよければ、幸福の科学の支部・精舎で聴くこともできる。とにかく彼は神・信仰・愛を説きたかったのだ。

二〇二〇年　十月二十七日

幸福《こうふく》の科学《かがく》グループ創始者兼総裁《そうししゃけんそうさい》　大川隆法《おおかわりゅうほう》

『何を以って愛とするか』関連書籍

『ジョン・レノンの霊言』（大川隆法 著　幸福の科学出版刊）
『イエス・キリストの霊言』（同右）
『釈尊の未来予言』（同右）
『公開霊言　ＱＵＥＥＮのボーカリスト
　フレディ・マーキュリーの栄光と代償』（同右）
『イエス　ヤイドロン　トス神の霊言』（同右）
ＣＤ「もう 愛が見えない」（大川隆法 作詞・作曲　発売・販売 幸福の科学出版）

何《なに》を以《も》って愛《あい》とするか――ジョン・レノンの霊言――

2020年11月12日　初版第1刷

著　者　大《おお》川《かわ》隆《りゅう》法《ほう》

発行所　幸福の科学出版株式会社
〒107-0052 東京都港区赤坂2丁目10番8号
TEL(03)5573-7700
https://www.irhpress.co.jp/
印刷・製本　株式会社 研文社

落丁・乱丁本はおとりかえいたします

ISBN978-4-8233-0225-1 C0030
装丁・イラスト・写真© 幸福の科学

大川隆法霊言シリーズ・ジョン・レノンの魂の真実

ジョン・レノンの霊言

天国から語る
「音楽」「愛と平和」「魂の秘密」

ロック、ラブ＆ピース、キリスト発言、暗殺の真相、現代の世界情勢について。ビートルズとジョンを愛したすべての人へ、衝撃の真実をここに。

1,400円

釈尊の未来予言

新型コロナ危機の今と、その先をどう読むか──。「アジアの光」と呼ばれた釈尊が、答えなき混沌の時代に、世界の進むべき道筋と人類の未来を指し示す。ジョン・レノンの霊言も収録。

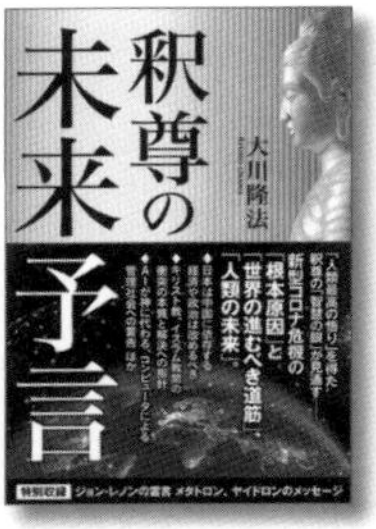

1,400円

メタトロンの霊言

危機にある地球人類への警告

中国と北朝鮮の崩壊、中東で起きる最終戦争、裏宇宙からの侵略──。キリスト、そしてジョン・レノンの魂と強いつながりを持つメタトロンが語る、衝撃の近未来。

1,400円

イエス・キリストは
コロナ・パンデミックを
こう考える

キリスト教国に広がる中国発の新型コロナウィルス。ジョン・レノンと霊的なつながりのあるイエスが、世界的な猛威への見解と「真実の救済」とは何かを語る。

1,400円

※表示価格は本体価格（税別）です。

大川隆法ベストセラーズ・愛について考える

愛の原点

優しさの美学とは何か

この地上を優しさに満ちた人間で埋め尽くしたい──。いちばん大切な教えである愛の教えを、限りなく純粋に語った書。

1,500円

凡事徹底と独身生活・結婚生活

仕事力を高める「ライフスタイル」の選択

大反響の「凡事徹底」シリーズ。お金、時間、人間関係──。独身でも結婚でも、どちらの生き方でも成功するための知的ライフスタイルとは。

1,500円

恋愛学・恋愛失敗学入門

恋愛と勉強は両立できる？ なぜダメンズと別れられないのか？ 理想の相手をつかまえるには？ 幸せな恋愛・結婚をするためのヒントがここに。

1,500円

釈尊の霊言

「情欲」と悟りへの修行

情欲のコントロール法、お互いを高め合える恋愛・結婚、〝魔性の異性〟から身を護る方法など、異性問題で転落しないための「人生の智慧」を釈尊に訊く。

1,400円

※表示価格は本体価格（税別）です。

天照大神よ、神罰は終わったか。

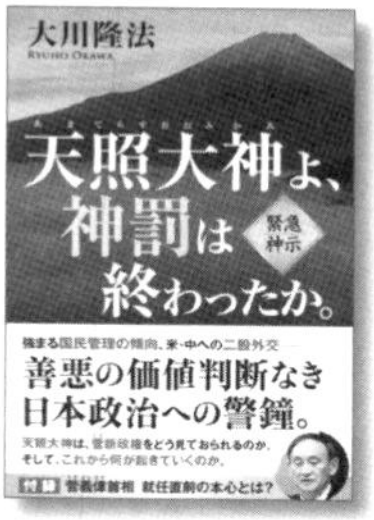

コロナ禍、経済不況、相次ぐ天災――。天照大神から全国民へ、危機の奥にある天意と日本の進むべき道が示される。〈付録〉菅義偉総理 就任直前の守護霊霊言

1,400 円

大川隆法 東京ドーム講演集

エル・カンターレ「救世の獅子《しし》吼《く》」

全世界から5万人の聴衆が集った情熱の講演が、ここに甦る。過去に11回開催された東京ドーム講演を収録した、世界宗教・幸福の科学の記念碑的な一冊。

1,800 円

ＵＦＯリーディング 地球の近未来を語る

2020年に著者が接近遭遇したUFOと宇宙人のリーディング集。敵方宇宙人や、防衛担当宇宙人、メシア型宇宙人など、8種類の宇宙人が語る地球文明の危機と未来。

1,400 円

小説 夜明けを信じて。

大川隆法 原作　大川咲也加 著

すべてを捨て、ただ一人往く――。映画の脚本執筆者・大川咲也加による書き下ろし小説。映画で描き切れなかったエピソードや詳しい状況等を多数加筆。

1,300 円

大川隆法「法シリーズ」・最新刊

鋼鉄の法

法シリーズ
第26作

人生をしなやかに、力強く生きる

自分を鍛え抜き、迷いなき心で、闇を打ち破れ――。
人生の苦難から日本と世界が直面する難題まで、さまざまな試練を乗り越えるための方法が語られる。

第１章　繁栄を招くための考え方
――マインドセット編

第２章　原因と結果の法則
――相応の努力なくして成功なし

第３章　高貴なる義務を果たすために
――価値を生んで他に貢献する「人」と「国」のつくり方

第４章　人生に自信を持て
――「心の王国」を築き、「世界の未来デザイン」を伝えよ

第５章　救世主の願い
――「世のために生き抜く」人生に目覚めるには

第６章　奇跡を起こす力
――透明な心、愛の実践、祈りで未来を拓け

2,000円

幸福の科学の中心的な教え――「法シリーズ」

好評発売中！

幸福の科学出版

※表示価格は本体価格（税別）です。

幸福の科学グループのご案内

宗教、教育、政治、出版などの活動を通じて、地球的ユートピアの実現を目指しています。

幸福の科学

一九八六年に立宗。信仰の対象は、地球系霊団の最高大霊、主エル・カンターレ。世界百四十カ国以上の国々に信者を持ち、全人類救済という尊い使命のもと、信者は、「愛」と「悟り」と「ユートピア建設」の教えの実践、伝道に励んでいます。

（二〇二〇年十月現在）

愛

幸福の科学の「愛」とは、与える愛です。これは、仏教の慈悲《じひ》や布施《ふせ》の精神と同じことです。信者は、仏法真理をお伝えすることを通して、多くの方に幸福な人生を送っていただくための活動に励んでいます。

悟り

「悟り」とは、自らが仏の子であることを知るということです。教学《きょうがく》や精神統一によって心を磨き、智慧《ちえ》を得て悩みを解決すると共に、天使・菩薩《ぼさつ》の境地を目指し、より多くの人を救える力を身につけていきます。

ユートピア建設

私たち人間は、地上に理想世界を建設するという尊い使命を持って生まれてきています。社会の悪を押しとどめ、善を推し進めるために、信者はさまざまな活動に積極的に参加しています。

国内外の世界で貧困や災害、心の病で苦しんでいる人々に対しては、現地メンバーや支援団体と連携して、物心両面にわたり、あらゆる手段で手を差し伸べています。

年間約２万人の自殺者を減らすため、全国各地で街頭キャンペーンを展開しています。

公式サイト **www.withyou-hs.net**

自殺防止相談窓口

受付時間　火～土:10～18時（祝日を含む）

TEL **03-5573-7707**　メール **withyou-hs@happy-science.org**

ヘレン・ケラーを理想として活動する、ハンディキャップを持つ方とボランティアの会です。視聴覚障害者、肢体不自由な方々に仏法真理を学んでいただくための、さまざまなサポートをしています。

公式サイト **www.helen-hs.net**

入会のご案内

幸福の科学では、大川隆法総裁が説く仏法真理《ぶっぽうしんり》をもとに、「どうすれば幸福になれるのか、また、他の人を幸福にできるのか」を学び、実践しています。

入会

仏法真理を学んでみたい方へ

大川隆法総裁の教えを信じ、学ぼうとする方なら、どなたでも入会できます。入会された方には、『入会版「正心法語《しょうしんほうご》」』が授与されます。

ネット入会　入会ご希望の方はネットからも入会できます。
happy-science.jp/joinus

三帰《さんき》誓願《せいがん》

信仰をさらに深めたい方へ

仏弟子としてさらに信仰を深めたい方は、仏《ぶっ》・法《ぽう》・僧《そう》の三宝《さんぽう》への帰依を誓う「三帰誓願式」を受けることができます。三帰誓願者には、『仏説・正心法語』『祈願文《きがんもん》①』『祈願文②』『エル・カンターレへの祈り』が授与されます。

幸福の科学 サービスセンター
TEL 03-5793-1727（受付時間／火～金:10～20時 土・日祝:10～18時（月曜を除く））
幸福の科学 公式サイト
happy-science.jp

ハッピー・サイエンス・ユニバーシティ

Happy Science University

ハッピー・サイエンス・ユニバーシティとは

ハッピー・サイエンス・ユニバーシティ（HSU）は、大川隆法総裁が設立された「現代の松下村塾」であり、「日本発の本格私学」です。建学の精神として「幸福の探究と新文明の創造」を掲げ、チャレンジ精神にあふれ、新時代を切り拓く人材の輩出を目指します。

人間幸福学部　経営成功学部　未来産業学部

HSU長生キャンパス TEL **0475-32-7770**

〒299-4325　千葉県長生郡長生村一松丙 4427-1

未来創造学部

HSU未来創造・東京キャンパス

TEL **03-3699-7707**

〒136-0076　東京都江東区南砂2-6-5　公式サイト **happy-science.university**

学校法人 幸福の科学学園

学校法人 幸福の科学学園は、幸福の科学の教育理念のもとにつくられた教育機関です。人間にとって最も大切な宗教教育の導入を通じて精神性を高めながら、ユートピア建設に貢献する人材輩出を目指しています。

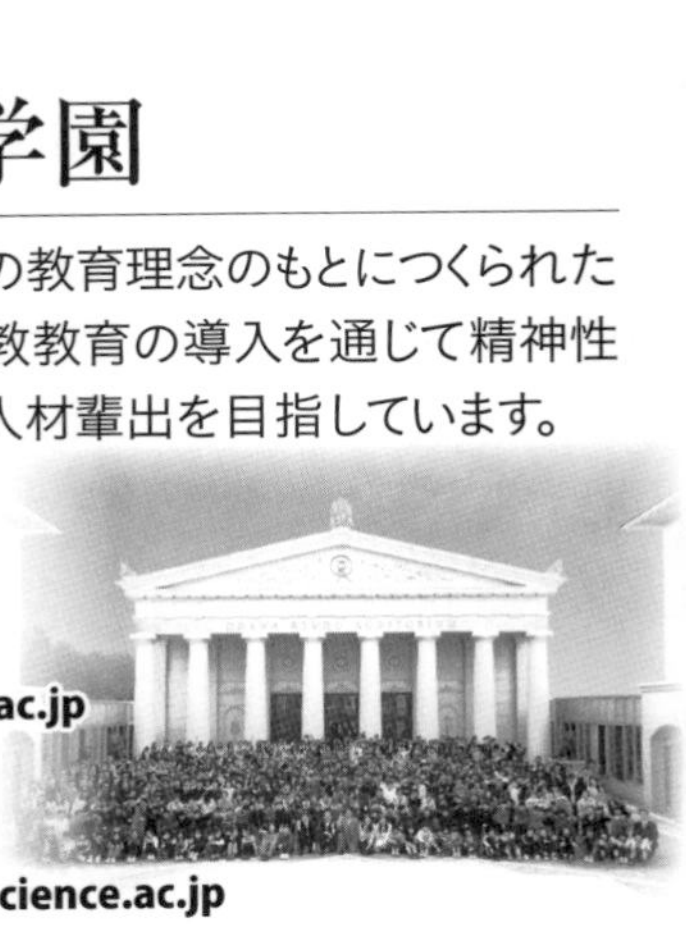

幸福の科学学園

中学校・高等学校（那須本校）

2010年4月開校・栃木県那須郡（男女共学・全寮制）

TEL **0287-75-7777** 公式サイト **happy-science.ac.jp**

関西中学校・高等学校（関西校）

2013年4月開校・滋賀県大津市（男女共学・寮及び通学）

TEL **077-573-7774** 公式サイト **kansai.happy-science.ac.jp**

仏法真理塾「サクセスNo.1」

全国に本校・拠点・支部校を展開する、幸福の科学による信仰教育の機関です。小学生・中学生・高校生を対象に、信仰教育・徳育にウエイトを置きつつ、将来、社会人として活躍するための学力養成にも力を注いでいます。

TEL 03-5750-0751（東京本校）

エンゼルプランV

東京本校を中心に、全国に支部教室を展開しています。信仰に基づいて、幼児の心を豊かに育む情操教育を行っています。また、知育や創造活動を通して、子どもの個性を大切に伸ばし、天使に育てる幼児教室です。

TEL 03-5750-0757（東京本校）

不登校児支援スクール「ネバー・マインド」

TEL 03-5750-1741

心の面からのアプローチを重視して、不登校の子供たちを支援しています。

ユー・アー・エンゼル！（あなたは天使！）運動

障害児の不安や悩みに取り組み、ご両親を励まし、勇気づける、障害児支援のボランティア運動を展開しています。

一般社団法人 ユー・アー・エンゼ

TEL 03-6426-7797

NPO活動支援

学校からのいじめ追放を目指し、さまざまな社会提言をしています。また、各地でのシンポジウムや学校への啓発ポスター掲示等に取り組む一般財団法人「いじめから子供を守ろうネットワーク」を支援しています。

いじめから子供を守ろうネットワーク

公式サイト mamoro.org　ブログ blog.mamoro.org

相談窓口 TEL.03-5544-8989

百歳まで生きる会

「百歳まで生きる会」は、生涯現役人生を掲げ、友達づくり、生きがいづくりをめざしている幸福の科学のシニア信者の集まりです。

シニア・プラン21

生涯反省で人生を再生・新生し、希望に満ちた生涯現役人生を生きる仏法真理道場です。定期的に開催される研修には、年齢を問わず、多くの方が参加しています。

全世界212カ所（国内197カ所、海外15カ所）で開校中。

【東京校】 TEL 03-6384-0778　FAX 03-6384-0779

メール senior-plan@kofuku-no-kagaku.or.jp

幸福実現党

幸福実現党 釈量子サイト **shaku-ryoko.net**
Twitter **釈量子@shakuryoko**で検索

内憂外患《ないゆうがいかん》の国難に立ち向かうべく、2009年5月に幸福実現党を立党しました。創立者である大川隆法党総裁の精神的指導のもと、宗教だけでは解決できない問題に取り組み、幸福を具体化するための力になっています。

党の機関紙
「幸福実現党NEWS」

幸福実現党　党員募集中

あなたも幸福を実現する政治に参画しませんか。

○幸福実現党の理念と綱領、政策に賛同する18歳以上の方なら、どなたでも参加いただけます。
○党費：正党員（年額5千円［学生 年額2千円］）、特別党員（年額10万円以上）、家族党員（年額2千円）
○党員資格は党費を入金された日から1年間です。
○正党員、特別党員の皆様には機関紙「幸福実現党NEWS（党員版）」（不定期発行）が送付されます。

＊申込書は、下記、幸福実現党公式サイトでダウンロードできます。
住所：〒107-0052　東京都港区赤坂2-10-8 6階 幸福実現党本部
TEL **03-6441-0754**　FAX **03-6441-0764**
公式サイト **hr-party.jp**

出版 メディア 芸能文化 幸福の科学グループ

幸福の科学出版

大川隆法総裁の仏法真理の書を中心に、ビジネス、自己啓発、小説など、さまざまなジャンルの書籍・雑誌を出版しています。他にも、映画事業、文学・学術発展のための振興事業、テレビ・ラジオ番組の提供など、幸福の科学文化を広げる事業を行っています。

アー・ユー・ハッピー？
are-you-happy.com

ザ・リバティ
the-liberty.com

幸福の科学出版
TEL **03-5573-7700**
公式サイト **irhpress.co.jp**

THE FACT

ザ・ファクト
マスコミが報道しない
「事実」を世界に伝える
ネット・オピニオン番組

YouTubeにて
随時好評
配信中！

ザ・ファクト 検索

NEW STAR PRODUCTION

ニュースター・プロダクション

「新時代の美」を創造する芸能プロダクションです。多くの方々に良き感化を与えられるような魅力あふれるタレントを世に送り出すべく、日々、活動しています。 公式サイト **newstarpro.co.jp**

ARI Production

ARI《アリ》 Production《プロダクション》

タレント一人ひとりの個性や魅力を引き出し、「新時代を創造するエンターテインメント」をコンセプトに、世の中に精神的価値のある作品を提供していく芸能プロダクションです。 公式サイト **aripro.co.jp**

大川隆法　講演会のご案内

大川隆法総裁の講演会が全国各地で開催されています。講演のなかでは、毎回、「世界教師」としての立場から、幸福な人生を生きるための心の教えをはじめ、世界各地で起きている宗教対立、紛争、国際政治や経済といった時事問題に対する指針など、日本と世界がさらなる繁栄の未来を実現するための道筋が示されています。

2019 年 12 月17 日 さいたまスーパーアリーナ「新しき繁栄の時代へ」

2019年10月6日 ザ ウェスティン ハーバーキャッスル トロント（カナダ）「The Reason We Are Here」

2019年7月5日 福岡国際センター「人生に自信を持て」

2019年3月3日 グランド ハイアット 台北（台湾）「愛は憎しみを超えて」

2019年7月13日 ホテル イースト21 東京「幸福への論点」